U0140430

那些年，那些钱 2

聚焦古今钱币文明的传承与实践

吴宗键◎著

浙江工商大學出版社 | 杭州
ZHEJIANG GONGSHANG UNIVERSITY PRESS

图书在版编目（CIP）数据

那些年，那些钱 . 2，聚焦古今钱币文明的传承与实践 / 吴宗键著 . — 杭州：浙江工商大学出版社，2023.8

ISBN 978-7-5178-5546-0

Ⅰ . ①那… Ⅱ . ①吴… Ⅲ . ①古钱（考古）—中国—通俗读物 Ⅳ . ①K875.6-49

中国国家版本馆 CIP 数据核字（2023）第 120889 号

那些年，那些钱 2 —— 聚焦古今钱币文明的传承与实践

NA XIE NIAN，NA XIE QIAN 2

——JUJIAO GUJIN QIANBI WENMING DE CHUANCHENG YU SHIJIAN

吴宗键 著

策划编辑 俞 闻

责任编辑 鲁燕青

责任校对 沈黎鹏

封面设计 程 楠

封面摄影 朱宏亮

责任印制 包建辉

出版发行 浙江工商大学出版社

（杭州市教工路 198 号 邮政编码 310012）

（E-mail：zjgsupress@163.com）

（网址：http://www.zjgsupress.com）

电话：0571-88904980，88831806（传真）

排　　版 朱嘉怡

印　　刷 杭州高腾印务有限公司

开　　本 710mm×1000mm 1/16

印　　张 17.25

字　　数 258 千

版 印 次 2023 年 8 月第 1 版 2023 年 8 月第 1 次印刷

书　　号 ISBN 978-7-5178-5546-0

定　　价 118.00 元

序 “宗宗泉声”润心田

最近，好友宗键（吴宗键，笔名十泉十美）来电，告诉我好消息，他又有一本新书即将出版，想请我写个序。我欣然接受，一是为他潜心泉学、孜孜不倦的学习精神和坚守初心、薪火传承的情怀所感动，二是希望以此支持和鼓励广大泉友，在收藏中勤于思考，善于总结，多出成果，大家共享，以推动祖国泉学研究的发展，这自然也是我作为会长的责任。

我和宗键兄认识多年，从相遇、相识到相知，都缘于彼此对钱币收藏的挚爱。宗键兄出身于杭州古钱币收藏世家，从小受祖父与父亲的影响，酷爱古钱与历史知识，上手过无数古钱币，通过长辈们的言传身教和自己的刻苦实践，他练就了一双好眼，闲暇时喜欢去杭州二百大收藏品市场和其他古玩市场淘宝、会友。多年来，他收藏了许多历代钱币，其中不乏稀少品种，还举办过个人钱币藏品展。在工作之余，他潜心泉学研究和写作，陆续在《中国收藏》《中国钱币界》《浙江钱币》等刊物和“钱币圈”微信公众号上发表钱币文化类文章数百篇。“浙江泉友会”微信公众号专门推出“宗宗泉声”栏目刊登他的文章，深受泉友们的喜爱。

2021年初，他的《那些年，那些钱——探索钱币收藏与经营的成功之路》正式出版。这本书汇聚了他对钱币收藏的认知与感悟、对钱币理论的探究与思考，引起读者们的广泛关注和共鸣。

这次的《那些年，那些钱2——聚焦古今钱币文明的传承与实践》，由宗键兄近年来创作的百余篇文章精选而成。全书25万多字，彩色印刷，分为认知篇、捡漏篇、江湖篇，包含数百张宝贵的钱币实物照片，可谓图文并茂、雅俗共赏。他以通俗的文字将钱币知识、收藏故事、市场风云娓娓道来，并融人生感悟于一体，让人可以轻松阅读，相信大家一定会“开卷有益”。

浙江的钱币收藏源远流长，人脉丰盈，高峰迭起，文化灿烂，孕育了戴葆庭、马定祥、陈达农、戴志强等钱币收藏大师和著名钱币学家，他们留下了钱币学理论研究的许多著作。作为钱币收藏的后继者，在浙江这片丰沃的钱币文化土壤里，传承文脉、弘扬文化是我们的共同责任和使命。

我相信会有更多像宗键兄这样的泉友，怀着对钱币收藏的执着与真爱，把自己的收藏故事和泉学成果与大家一起分享，共同营造学术研究和文化收藏的良好氛围，为提振文化自信、传承中华文明出一份力。我和浙江泉友会的诸位泉友必将为之共同努力。

宗键兄德才兼备、笔耕不辍。在此，诚祝他的新作顺利出版。

浙江省收藏协会副会长

浙江省收藏协会泉友会会长

绍兴市戴葆庭钱币文化博物馆馆长

2023年6月

前　言

敬爱的读者朋友们：

很高兴《那些年，那些钱 2——聚焦古今钱币文明的传承与实践》与你们见面了。

钱币文明，千年之梦。能够把那些深奥的钱币文化与收藏知识用通俗易懂的文字写出来，一直是我多年以来的愿望。而这本书的诞生，就是进一步的摸索与尝试，旨在让更多朋友了解钱币历史、钱币收藏，以此传承文化、分享快乐。自从出版了第一本书，我收到来自天南海北的读者的关心，他们好奇地问及我的年龄、籍贯、职业、家庭背景、淘宝经历等，这让我颇为感动。大家的支持与厚爱，是我继续写作的一大动力，于是便有了这本书。

写作之苦，如人饮水，冷暖自知。好在爬格子一直是我喜欢做的事，因此我坚持了下来，甚至在写作时还觉得有一股往日的年少激情。于是，写作成了我疗愈自己、磨炼意志、净化灵魂的一种方式，写着写着便上了瘾。

“古今钱币文明的传承与实践”是本书主要的聚焦点，它分为认知篇、捡漏篇、江湖篇 3 个部分，内容既有钱币知识，又有捡漏奇遇，既有江湖风云，又有市场动态。写法延续了第一部半随笔式风格，但无论讲述故事还是探讨知识，剖析行情还是感悟人生，都比第一部更真实、更详细、更生动，可看性也更强，并且书中的每一篇几乎都独立成章，让读者阅读起来更加轻松、随意。

文化，是一个国家、一个民族的灵魂。小钱币，大文化。如今，钱币文化已经进入全新的时代，钱币本身所蕴藏的各种历史文化元素，被进一步发掘和展现出来，并受到社会的广泛关注。传承与弘扬钱币文化，有助于提高文化自信，增强国家软实力。作为古玩艺术品之一，钱币收藏品的投资与经营逐渐成为新文化产业之一，其市场也正在经历从过去“红海”到未来“蓝海”的转变。同时，受资本介入、行业竞争、新人倍增、资源内卷等因素影响，其前景又呈现出多元化、多样化和复杂化的趋势。有人甚至吐槽说，钱币捡漏的洪荒时代已基本结束，未来如果没有强大的资本，不可能会拥有好的藏品。

光阴荏苒，在浩瀚的钱币世界中，我已然跌跌撞撞穿行了近半个世纪。如果要问为何能坚持玩钱币到现在，我想可能是一半来自热爱，一半来自受益吧。诚然，时代会变迁，理念会革新，新玩法会取代旧玩法，这些变化从未停止过。我们或许无法十分清楚地洞悉钱币收藏与经营的前景，但每当写下这些文字时，我依然心潮澎湃、信念满怀，希冀钱币圈会有更可期的未来。

经年累月，浮世万千，一代代玩泉者的传承与发扬，造就了如今钱币收藏的繁荣与钱币文化的振兴。在漫长的钱币历史长河中，我们很可能只是承上启下的一代人，甚至起不了波澜。即便如此，我们仍会奉献自己的时间、感情、心智与财力，把钱币文明（特别是祖国的钱币文化）努力传承下去，不为别的，只为心中所爱——钱币。

其实，玩钱币很简单。因为喜爱，所以快乐；因为坚持，所以成功。爱我所选，选我所爱，若能如此，夫复何求呢？

吴宗键

2023 年 4 月

目　录

第一章　认知篇

第二章　捡漏篇

第三章　江湖篇

湖北省造
光緒元寶
庫平七錢二分

第一章

钱币，无疑是世界上最神奇的发明之一。人类的智慧与汗水造就出博大精深、多姿多样的钱币文明。一枚枚古钱、一块块银元、一张张纸币，它们是历朝历代政治、经济、文化、艺术、宗教、民俗、社会生活、铸造工艺等方面的映射与体现，能够比较系统地呈现历史长河的发展进程，是宝贵的物质文化遗产，具有其他收藏品无法比拟的优势与特色，值得我们去进一步认知、探究、保护与传承。

与钱币有缘的那些顶级“大神”

我们居住的地球，是一颗被各种钱币“包裹”的蓝色星球。古往今来，无数枚钱币因铸造而诞生，它们覆盖、环绕着这颗星球。同时，许多中外名人都与钱币结下了不解之缘，他们有的是统治者，有的是科学家，有的是文学家，有的是金融家，然而他们又扮演着钱币收藏家、钱币学学者、钱币商人、货币制度改革者等不同角色。现在，就让我们来领略其中几位的风采吧。

一、鲁迅

鲁迅（1881—1936 年）是我国著名文学家、思想家和革命家，其作品一直感染和鼓舞着我们。他的名气很大，但很少有人会把他和钱币联系起来。其实，鲁迅先生是一位狂热的古泉收藏爱好者和积极实践者。

想当年，他在教育部工作和在北京师范大学任教期间，就喜欢花业余时间去逛琉璃厂（旧古玩市场），搜寻并购买各类古钱币，并在日记中将每枚钱币的具体情况认真地记录下来。据说，他已集藏上至先秦、下至元明的古钱数百种，可见其对历史与钱币文化的热爱程度之深。

更难能可贵的是，鲁迅先生钟爱钱币，并非单纯地玩古或猎奇，他还寄情于物，尽力开展实践。1923 年，在教育部任职的他，积极参与了龙凤银币（图 1）的图案设计。该币内涵深奥、铸工精美、存世稀少，如今已成为机制币中的大名誉品。鲁迅先生对钱币的挚爱之情，实在令我们后辈钦佩。

图1 民国十二年龙凤银币

二、梁启超

梁启超（1873—1929年）是我国近代史上著名的政治活动家、思想家、教育家、史学家和文学家，戊戌变法（百日维新）领袖之一，中国近代维新派、新法家代表人物，曾倡导“诗界革命”和“小说界革命”。其著作合编为《饮冰室合集》。

说起袁大头银币（图2），可谓无人不知、无人不晓。而梁启超就曾参与过袁大头的铸造任务。那是在袁世凯迫使清帝退位、成为中华民国大总统后，梁启超回国与其交好。1914年2月，袁世凯任命梁启超为币制局总裁，主持币制改革工作。据说这个币制局，是袁世凯特意为他设置的。

图2 袁大头银币

梁启超本来就是个大学问家，对财政、金融、币制等也有研究。他本想提议中国采用金本位制，但这种制度需要大量黄金做储备。当时中国根本没有这个能力，于是退而求其次，在币制混乱的情况下，实行统一的银本位制——铸行法定含量的银币，作为统一流通货币。

于是，鼎鼎大名的袁大头银币就诞生了。

三、龚自珍

九州生气恃风雷，
万马齐喑究可哀。
我劝天公重抖擞，
不拘一格降人材。

浩荡离愁白日斜，
吟鞭东指即天涯。
落红不是无情物，
化作春泥更护花。

以上两首诗，想必大多数朋友都不陌生吧。这些传世名句的作者，便是鼎鼎大名的龚自珍。

龚自珍（1792—1841 年），号定庵，杭州人，清代著名思想家、文学家和改良主义先驱者。如今，在杭州城东马坡巷内就有他的纪念馆。

龚自珍是道光时期进士，官至礼部主事，喜好金石文字和收藏古钱币。据张祖廉编写的《定庵先生年谱外纪》，龚自珍收藏了不少钱币，包括壮泉四十、金错刀等稀少古泉品种，妥妥的“泉痴”一名。

四、牛顿

提起艾萨克·牛顿（Isaac Newton，1643—1727 年），可谓是家喻户晓。他是鼎鼎大名的英国物理学家、数学家、天文学家，还担任英国皇家学会会长，写有《自然哲学的数学原理》《光学》等巨著，堪称“百科全书式”天才，甚至被誉为那个时代里最近似神的人。

可就是这样一位顶级“大神”，竟然也与钱币颇为有缘。据记载，牛顿曾担任英国皇家铸币局主管长达20余年，对钱币有着独到的见解，他直接参与了当时有关主要货币理论的一些争论，并成为金本位制度的奠基者之一。此外，把钱币印上“边齿”（钱币边缘有规则的划痕），这一充满灵感的设计，据说也是牛顿发明的。它加强了钱币的防伪性能，同时美观又防滑，至今依然被广泛使用。牛顿去世的时候，留下了超过3万英镑的金条和金币，以及一些后人无法看懂的手稿，却未留下遗嘱。

这位伟人在科学上的成就太过辉煌，以至于掩盖了其在钱币制度上做出的贡献，因此不被我们大多数人所了解。

五、恺撒大帝

盖乌斯·尤利乌斯·恺撒（Gaius Julius Caesar，约公元前100—前44年）是古罗马最著名的统治者之一，以其军事能力、熟练的经济学和政治改革而闻名。

有文献记载，世上最早的钱币藏品很可能属于恺撒。作为古罗马的统帅，他不仅保持收藏各种钱币的习惯，还将一些钱币作为礼物馈赠他人，这在很大程度上影响了其他古罗马皇帝，其后多位古罗马皇帝也涉猎钱币，并拥有庞大的钱币收藏量。

既然有皇帝们带头，大家何乐而不为呢？于是在中世纪，这项“国王的爱好”逐渐变得更为流行，许多富人和贵族都爱上了此雅好，并藏有令人叹为观止的钱币藏品集。

六、罗斯柴尔德家族

罗斯柴尔德家族（Rothschild Family）是欧洲历史上著名的金融家族。18世纪末期，此家族创建了几乎整个欧洲金融和银行现代化制度。然而，或许很少有人知道，如此辉煌的家族，当初却是通过经营古钱币起家的。

当时，收藏古钱币是欧洲各国王公贵族的普遍爱好。于是，罗斯柴尔德家族的成员抓住这一契机，亲自编辑《古钱手册》，并附上详细解说，寄给那些王公贵族，使他们的钱币店成为皇家指定店，逐渐获得丰厚的利润。就这样，罗斯柴尔德家族通过当泉商，成功收获第一桶金，为日后的发家打下了基础。

以上只是列举了几位顶级“大神”，与钱币有缘的其他大人物一定还有很多。他们的加盟，逐渐影响了越来越多的人去关注钱币、了解钱币、收藏钱币、经营钱币。时光荏苒，一代代钱币藏家、学者和泉友薪火相传、前赴后继，使钱币这项宝贵遗产得以被重视、保护、发扬与传承。

我国古典文学里的钱币文化（一）

中国古典文学是华夏文明的经典组成部分，其表现形式有诗、词、曲、赋、散文、小说等，内容十分丰富，影响极为深远。一首首诗词、一篇篇文章、一部部小说，都是当时政治、经济、文化、艺术、宗教、民俗等方面的映射，而历朝历代的钱币文化也蕴藏其中。现在，不妨让我们来寻觅一下它们的身影。

一、藏在钱币背后的浪漫情缘

菁菁者莪，在彼中陵。
既见君子，锡我百朋。
泛泛杨舟，载沉载浮。
既见君子，我心则休。

这是我国古代第一部诗歌总集《诗经》里《小雅·菁菁者莪》中的诗句。很多研究者认为，这是一首描写女孩与心上人喜相逢的小诗。其中“既见君子，锡（赐）我百朋”一句，写的是女孩见到君子后，因获得贵重的礼物而不胜欣喜。

这里的“百朋”，是指200串海贝（贝币），它是我国最早使用的货币（图1）。其中的“朋”，是当时的货币单位，一般来说，5贝为一串，2串为一朋。

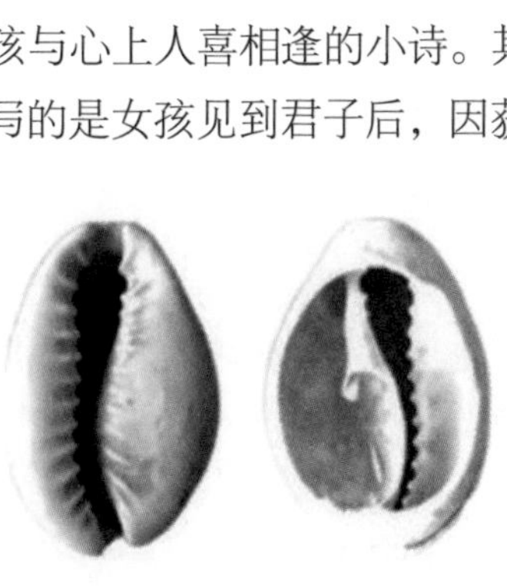

图1 天然海贝

由于海贝外形美观、便于携带，

因此受到人们普遍喜爱，但它们的产地在沿海，距离中原地区十分遥远，所以价值比较高，甚至超过了麻布等实物货币。后来又逐渐出现了陶贝、玉贝、骨贝（图 2）和铜贝（图 3）等。当时，一朋海贝就属于稀罕东西了，更何况是百朋呢？

图 2 骨贝

图 3 铜贝

收到如此厚礼谁不动心？可以想象，那位君子可能还会将一枚枚贝壳串成项链或是手环，做成漂亮的装饰品送给女孩。于是乎，那个女孩开心极了，她便心甘情愿地和君子一起“泛泛杨舟，载沉载浮”去了。从诗句中我们可以想象，那是一幅多么美丽又浪漫的画面啊。

二、一名古代少年的追爱之旅

氓之蚩蚩，抱布贸丝。
匪来贸丝，来即我谋。

这是《诗经》里一篇叫《卫风 · 氓》的诗歌中的句子。讲的是有一个小伙子名叫氓，他怀抱着布来换女孩的丝，其实他不是真的要换丝，而是以此为借口来谈婚事。

其中的“抱布贸丝”，是个非常有趣的句子。特别是“布”这个字，一直让后人浮想联翩，甚至引起了学术界多年的争议。有的学者认为，诗中的布就是布匹、布帛的意思，小伙子氓是用布来换取女孩的丝，两人进行物物交换。

然而，有的学者提出不同看法，他们认为这里的布并非布帛，而是指当时流通使用的一种钱币——布币，又叫铲币（图 4），由农具铲演变而来，可分为空首布、锐角布、方足布、尖足布、圆足布、三孔布等品种，在春秋战国时期流通于中原诸国，系我国先秦四大货币体系中的一种。布币的尺寸并不大，大多数长几厘米，有的长十几厘米。

此说法的理由是，布匹比较常见，价值不高，一般来说无法打动漂亮女孩的心。而布币属于青铜材质货币，价值自然要贵重不少。这个小伙子买丝是假，示爱是真，抱着这样一堆钱币才能让女孩动心，并愿意嫁给他。

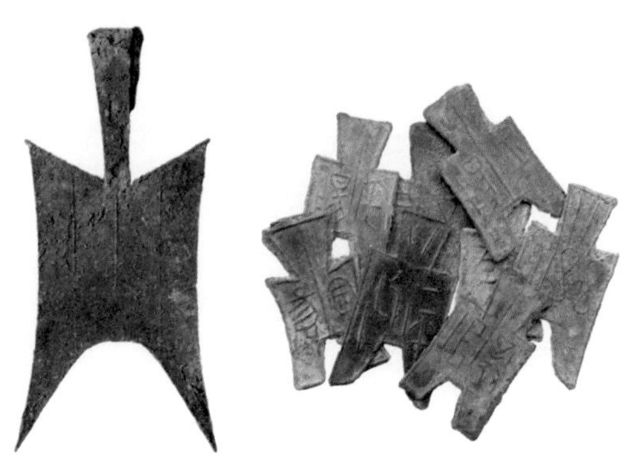

图 4 各种布币（铲币）

此外，当时中原地区的商品经济有了一定的发展，布币作为贸易媒介已被大量使用。小伙子氓用布币来换取女孩的丝织品，有较大的可能性。当然了，他的“贸丝”只是个幌子，抱着一堆布币（相当于现在的结婚彩礼）来赢得女孩芳心，才是这位表面“蚩蚩”（憨厚、老实的样子）的小伙子的真正目的。况且，用金钱追求佳人，古来有之。

对于以上两种看法，我认为各有道理。然而，如果只是抱着布匹，不免寒碜了点。如果只是抱着布币，那会很不方便。毕竟小伙子氓去找女孩，不可能只拿一两枚布币（不然不会用抱这个词），也不可能只走几步路。而大量布币携带颇为不便（大多数布币没有穿孔，无法用绳索串联），如果没有用布、帛、麻等物裹住，一路上容易散落和丢失，而且很不安全，半路可能会遭遇歹徒或见钱眼开的人（《诗经》的时代背景是西周到春秋时期，当时我国仍处于奴隶制社会，各方面都比较落后，为非作歹之事不可能没有）。试问谁有这么大胆子，将一堆钱币暴露在光天化日之下呢？

此外，布币的体型比较小，抓几枚在手里还行，但如果是大量布币，是很难将它们抱住的（容易滑落丢失），必须要包裹起来才行。而且大多数布币的首部、肩部、足部等处比较尖锐，抱着它们容易扎痛皮肤。这一点，玩过布币的朋友应该都有切身体会。就算小伙子氓是坐马车去的，也需要把它们包裹起来，否则经过一路颠簸，布币同样会散失。

所以我觉得会不会存在这样一种情形：小伙子氓用布匹包着布币，抱在怀里走在路上，到了女孩处，他打开布包，将布币展现在她面前，女孩眼前一亮，芳心暗许。如果真是这样，那么诗中的“布”既可能是指布匹，又可能是指布币。正所谓语意双关，两者兼有，或许这才是诗歌作者的用意吧。

当然，这只是我的一点刍议罢了，仍需商榷，如有不当之处，读者们切勿较真。至于诗中“布”的真相究竟如何，有待大家进一步思索与考证。

三、探索钱币中的官场“潜规则”

《史记》由西汉司马迁所写，它是我国历史上第一部纪传体通史，同时也是一部优秀的文学著作，其中不乏涉及钱币文化的章节或句子。

例如，《史记·萧相国世家》中记载：“高祖以吏繇咸阳，吏皆送奉钱三，何独以五。”其大致意思是：汉高祖刘邦以吏员的身份，要远行去咸阳服徭役，同僚朋友们纷纷为刘邦饯行，每人赠送他 3 枚钱币，而唯独萧何送了 5 枚钱币。

此处的“何”即指萧何，他是西汉开国功臣、政治家，“汉初三杰”之一，曾任西汉相国。“萧何月下追韩信”的故事，想必已是家喻户晓，然而此处的“钱”是指什么钱币呢？为何只以 3、5 来计算呢？

据考证，它指的是我国历史上赫赫有名的钱币——秦半两（图 5）。

公元前 221 年，秦始皇灭六国，建立起第一个统一的封建王朝——秦朝。同时，他统一法律，统一文字，统一度量衡，也统一了钱币，废除此前流通的刀币、布币、蚁鼻钱等货币，将圆形方孔的“半两”作为法定货币，在全国范围内流通使用。

《汉书·食货志》记载：“秦兼天下，币为二等：黄金以溢为名，上币；铜钱质如周钱，文曰‘半两’，重如其文。”

作为统一的货币，秦半两铸工规整严谨，钱文半两二字，书体为小篆，相传系宰相李斯所写。它风格古朴、独具一格，体现了秦始皇君临天下的霸气，散发着东方货币文明的特色。自此，圆形方孔钱沿用于我国历朝历代，直至民国初年才逐渐被机制铜元所取代，前后历时长达 2000 年，堪称货币史上的奇迹。

图 5 秦半两

秦半两虽好，但有一点想必很多朋友都颇为不解：刘邦贵为地方官吏，朋友不少（萧何、曹参、樊哙、夏侯婴、卢绾等都是他的挚友），他既然要出远门，为什么这些人只肯送 3 枚、5 枚钱呢？真的是他们小气抠门吗？还是秦半两的数量十分稀少？

其实，这与当时的社会和经济情况是分不开的。秦末社会动荡、战火难熄、物质匮乏，老百姓都很穷，连饭都吃不饱，所以馈赠仅以 3、5 来计数也不足为奇，同时可见当时秦半两的数量不多，比较贵重值钱。（另一说法：文中的“钱三”是指 30 枚或 300 枚，“五”是指 50 枚或 500 枚，但即使如此，用这点钱来赠送一位大领导，还是显得少了些。）

此外，我们可从另一个侧面看出萧何的人品与智慧。有人说因为他为人厚道，和刘邦情谊很深，所以送了 5 钱；也有人说因为他深通官场逢迎上级、拍马屁之道，所以故意送了 5 钱，使刘邦牢记在心。我认为两者都有可能，正因为萧何既厚道又有智慧，才能够成为刘邦最器重的人。后来经过 4 年楚汉争霸，刘邦终于打败了西楚霸王项羽，建立了西汉王朝，成为汉高祖，自然也不忘萧何的“5 钱之恩”，将他封为相国，享受尊荣。

当然了，萧何的 5 钱也可以看作是一笔投资——对他自己未来前程的一种博弈。结果，他用较小的代价换来了极大的收益。可以说，这 5

钱花得实在是太值了。

四、一段传颂千年的爱情佳话

皑如山上雪，皎若云间月。
闻君有两意，故来相决绝。
今日斗酒会，明旦沟水头。
躞蹀御沟上，沟水东西流。
凄凄复凄凄，嫁娶不须啼。
愿得一心人，白头不相离。
竹竿何袅袅，鱼尾何簁簁！
男儿重意气，何用钱刀为！

这首诗名叫《白头吟》，是一首汉乐府民歌，相传为我国古代四大才女之一的卓文君所作。她是西汉时期蜀郡（今四川成都）人，生于大富之家，姿色娇美，通音律，善抚琴，才气过人，远近闻名。全诗塑造了一个重情重义、性格爽朗的女性形象，表达出她对失去爱情的悲愤和对忠贞美好爱情的渴望。其中“愿得一心人，白头不相离”一句，极具文学水平与艺术感染力，已成为千古名句，家喻户晓。

颇有意思的是，诗的最后一句“男儿重意气，何用钱刀为”提及了“钱刀”二字。那么，它究竟是古代的什么钱币？其中又蕴含着何种文化呢？

看到“钱刀”，有的朋友会认为它是指古代的刀形钱币，一般被称为“刀币”或“刀钱”，此观点有些道理。然而，它在诗中真的是指刀币吗？我们不妨来分析一下。

刀币（图 6），是春秋战国时期的青铜铸币之一，由当时的工具刀削演变而成。根据它们形状、大小、铭文的不同，可分为齐刀、安阳刀、明刀、尖首刀、直刀等品种，也是我国先秦四大货币体系之一。

公元前 221 年，秦始皇统一中国，将秦半两作为法定货币，之前的刀币、布币、圜钱、蚁鼻钱等钱币就不再流通使用了。卓文君是西汉时期人物，诗中的钱刀如果是指刀币的话，莫非它们还在流通使用？这显然不可能。

也有朋友认为，钱刀是指王莽的钱币金错刀，然而这也说不通，因为王莽改革货币制度，铸造金错刀、契刀五百等钱币，是公元7年到14年的事情，而此时卓文君早已去世了。

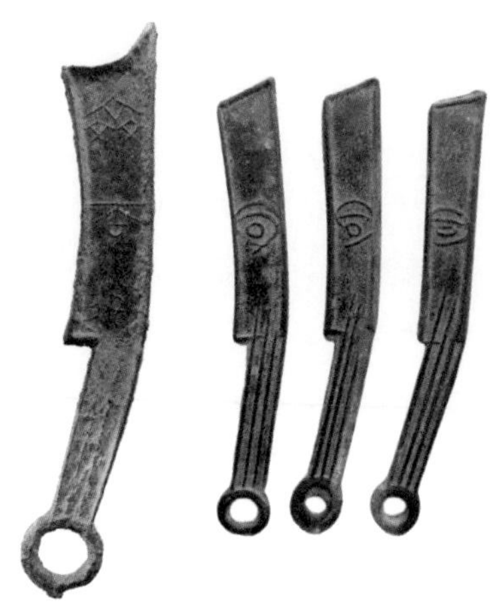

图6 刀币

那么，这首诗中的钱刀究竟是指什么呢？

其实，此诗的钱刀很可能是钱币、金钱的意思，也可能是泛指钱财珍宝或其他值钱的东西，并非具体哪一种钱币。除了这首诗，“钱刀”二字在其他古代文学典籍中也曾出现过，比如《旧唐书·李乂传》中的“且鬻生之徒，唯利斯视，钱刀日至，网罟年滋，施之一朝，营之百倍”，明代屠隆《彩毫记·散财结客》中的“癖性爱钱刀。王戎和峤”，清代章炳麟《五无篇》中的“夫钱刀金币，实使民扰攘之阶”。由此可见，钱刀一般用来泛指钱币。

卓文君嫁给司马相如之后，司马相如在事业上顺风顺水，他久居京城后准备娶茂陵的一个女子为妾。卓文君得知后，毅然写下《白头吟》，最后一句“男儿重意气，何用钱刀为”（好男儿应当重情重义，失去了真诚的爱情，是任何钱财珍宝都无法补偿的），充分表达出她对爱情的执着和向往，以及作为妻子的坚定与愤懑。所以说，从此诗的背景故事中，我们也能推断出钱刀是泛指钱币。

正因为这首情真意切、感人肺腑的诗，司马相如打消了纳妾的念头。

最终，卓文君和司马相如两人成就了彼此，创造出一段传诵至今的爱情佳话。

五、金错刀——古代男女的定情信物

我所思兮在太山。
欲往从之梁父艰，侧身东望涕沾翰。
美人赠我金错刀，何以报之英琼瑶。
路远莫致倚逍遥，何为怀忧心烦劳。

这是东汉著名科学家、发明家、文学家张衡所作的《四愁诗》中的句子。作为张衡的代表作品，该诗运用反复咏叹和比兴手法，换词中带押韵，整齐中显变化，对后世七言诗的发展产生了很大影响。张衡不仅发明了地动仪，改进了浑天仪，他的文学造诣也如此了得，真是位全才。

其中“美人赠我金错刀，何以报之英琼瑶”这一名句，被后世广为传诵。句中的“金错刀”，一般指王莽时期铸造的钱币（图 7），面文为“一刀平五千”，其中“一刀”两字用错金制成，它是我国历史上唯一使用错金工艺制成的钱币（一说指用黄金镀过刀环或刀把的佩刀）。

图 7 王莽金错刀

王莽是西汉外戚，于公元 9 年建立新朝。为了削弱汉朝旧势力，同时掠夺百姓财富，他以“托古改制”为名进行币制改革，发行了一系列钱币。虽然改革失败，但是他铸行的这些钱币成了中国古钱史上的精品。王莽也被誉为古代铸钱第一高手，而金错刀就是代表性的钱币之一。它造型奇特，上半部圆形方孔，下半部似刀形态，整体如同一把钥匙，且文字古朴、铸工精美，在钱币界一直享有盛誉，备受广大泉友的喜爱。

从该诗句可见，金错刀自古以来就被视为男女之间赠送的定情信物，是美好爱情的见证，具有较高的历史收藏价值与文化艺术价值。

除了这首《四愁诗》，还有一些涉及“金错刀”或以其为名的古典诗词，如五代时期著名词人冯延巳的《金错刀》(一名《醉瑶瑟》)、南宋爱国诗人陆游的《金错刀行》等作品。读者朋友们如果感兴趣，不妨去了解一下。

我国古典文学里的钱币文化（二）

一、腰缠万贯——古人的奇思妙想

腰缠十万贯，骑鹤上扬州。

此诗句出自南朝梁人殷芸的《殷芸小说·吴蜀人》，意思是随身携带10万贯财物，带着美好的愿景去扬州。（原文："有客相从，各言所志：或愿为扬州刺史，或愿多资财，或愿骑鹤上升。其一人曰：'腰缠十万贯，骑鹤上扬州。'欲兼三者。"）

从中可以看出，扬州是当时全国最富庶和繁华的地方之一，城内处处有酒家商铺，夜夜有管弦歌声，因此权贵们都希望腰缠足够的钱财，上扬州尽情享乐。这里的"上"字，也有一种飞黄腾达、上升之意。

此外，该诗句还涉及了古代钱币常识。句中的"腰缠"，是指随身携带财物；而"万贯"，通常是指1万贯钱币。贯，是古代钱币计数单位，古人喜欢用绳索把钱币串连在一起（图1），一般1000文为1贯。此数字不绝对，每个朝代受经济状况、购买力与通货膨胀率等的影响，会有相应变化，比如宋代有较长一段时间曾把1贯钱定为770文。

显然，这里是浪漫主义的夸张写法，因为按照1贯1000枚钱币来计算，1万贯就是1000万枚钱币，而10万贯，就是上亿枚钱币了。

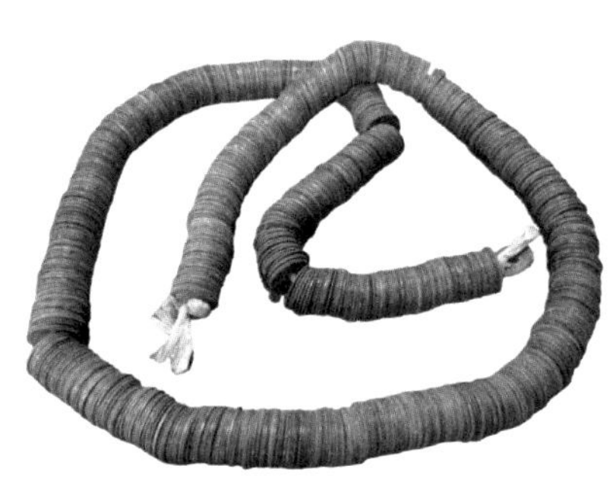

图1 一贯古钱币

数量如此巨大的钱币，想要把它们缠在腰上，是根本不可能的事。如果按照 1 枚钱币重量 4 克（唐代开元通宝铜钱差不多此重量）来计算，1 贯钱（1000 枚）就是 4000 克，10 万贯就有 40 万千克重（400 吨）。如果按照 1 枚钱币重量 3 克（标准五铢铜钱大约此重量）来计算，10 万贯至少也有 30 万千克重（300 吨）。这样惊人的重量，连车都难以搬运，更不用说一个人把钱币缠在腰上，携带它们去扬州玩乐了。

对于这一流传至今的诗句，我们后辈在赞叹古人惊人的想象力的同时，不禁为当时金属货币携带、使用、交易的不方便而捏一把汗。这样看来，为何后世纸币会诞生并广泛流通，也就不难理解了。

二、钱币背后的三国演义

天地英雄气，千秋尚凛然。
势分三足鼎，业复五铢钱。
得相能开国，生儿不象贤。
凄凉蜀故妓，来舞魏宫前。

这首诗名叫《蜀先主庙》，是唐代文学家、诗人刘禹锡的作品。其中“势分三足鼎，业复五铢钱”一句，说的是刘备建立蜀汉，与曹魏、东吴鼎足而立，三分天下，同时恢复五铢钱的流通使用振兴了汉室。此句诗充分称颂了刘备的功绩与英雄气概。

五铢钱（图 2），一般是指西汉武帝时期开始铸行的货币，它们多数为青铜材质，圆形方孔，面文篆书“五铢”两字。五铢钱历经西汉、东汉、两晋南北朝、隋朝，品类版式极多，直到唐朝初期才被开元通宝取代，前后流通了 700 多年，是我国历史上最长寿的钱币，被称为“古钱寿星”。

图 2 五铢

图 3 直百五铢

值得一提的是，刘备建立的蜀汉除了使用普通蜀五铢，还铸造过一种直百五铢（图 3），它和普通的五铢有所不同，面文“直百五铢”4字，“直”即值的意思。顾名思义，1枚直百五铢的价值与100枚五铢钱相等（1枚直百五铢可兑换100枚普通五铢）。早期直百五铢体型和重量比五铢要大，后期直百五铢与五铢大小几乎相仿，有的甚至更小。可见，它是一种名副其实的大值虚币。

由于蜀汉地理位置偏僻，经济发展受限，又连年征战，财政困难，军费紧张，只好采用发行虚值钱币的办法勉强维持。在大臣刘巴的建议下，刘备于汉献帝建安十九年（214年）发行直百五铢，它对蜀汉经济的复苏与发展起到了一定作用。《三国志·蜀书·刘巴传》记载：“数月之间，府库充实。”其实，除了蜀汉，东吴也铸造过大泉五百、大泉当千（图4）等虚值大钱，其性质和铸造目的都与直百五铢差不多。

图4 大泉当千

直百五铢钱币虽然刺激了蜀汉经济，但这种发行虚值钱币来掠夺民间财富的方法，造成了严重通货膨胀。在营造出一片虚假和脆弱繁荣的同时，也为日后的经济危机和蜀汉的亡国埋下了隐患。所以说，五铢钱并没有使蜀汉得到真正复兴。

当然了，诗人刘禹锡毕竟不是经济学家，所以可能没想那么多，他为刘备歌功颂德，自然也在情理之中。而今，我们后人不妨从货币经济学和钱币文化的独特视角，对诗中人物与历史事件做出一个更加客观、细致、多方位的评价。

三、一位富豪的钱币人生

垂杨叶老莺哺儿，残丝欲断黄蜂归。
绿鬓年少金钗客，缥粉壶中沉琥珀。
花台欲暮春辞去，落花起作回风舞。
榆荚相催不知数，沈郎青钱夹城路。

这是唐代诗人李贺写的《残丝曲》，他素有“诗鬼”之称。最后一句“榆荚相催不知数，沈郎青钱夹城路”，通过描写榆荚满路、青钱遍地的场景，感时光易逝、春去难留，可谓满怀愁思，颇有感触。此诗句既充分表现出艺术特色，又蕴含丰富的钱币文化。

诗中的沈郎，是指东晋时期的沈充。他字士居，吴兴武康（今浙江德清）人，出身当地沈氏豪族，曾任东晋的官员、将领，颇有些权势，是当时江南地区响当当的大人物。

沈郎青钱，指的是沈充在东晋太兴年间（318—321年）铸造的大孔小钱，其面文“五铢”（五朱），背面一般无文，俗称“沈郎五铢”或“沈郎钱”（《晋书·食货志》记载，吴兴沈充铸小钱，谓之“沈郎钱”）（图5）。

图5 沈郎五铢

榆荚是榆树的种子，它们白色成串，酷似串起来的麻钱儿，故也称为“榆钱儿”。李贺运用了比喻的写法，将榆荚与沈郎青钱联系在一起，可谓构思巧妙、诗意盎然。

沈充在江南一带应该算是大富豪了，别的不说，光是他能自己铸造大量钱币这一点，就已经足够厉害了。别看他财大气粗，铸造出来的五铢钱又轻又小，形如榆钱、柳絮一般，有的甚至手捏能断裂、脚踩能破碎，实在让人大跌眼镜。

由于钱币薄小，造钱者便把五铢钱上铢字的金字旁去掉，简写成“朱”。此钱在我国货币史上颇负盛名，曾有不少诗人在诗中提及。除了这首李贺的诗，唐代李商隐有诗云“今日春光太飘荡，谢家轻絮沈郎钱”，唐代王建也有诗云“素柰花开西子面，绿榆枝散沈郎钱”。这些诗句都在描写沈郎青钱既轻又小，像榆钱、柳絮一样。

由于东晋王朝偏安东南一隅，经济并不发达，政府基本没有官方铸币，所以老百姓平时用的大部分是前朝旧币，导致钱币种类繁多，大小轻重不一，情况十分混乱。不少地区出现实物经济（如谷帛交易），甚至倒退到物物交换的自然经济状态。

此外，民间私铸钱币现象频繁，那些豪强地主等有钱人通过铸造虚值钱币来掠夺民间财富，赚得盆满钵满，而沈充铸造五铢钱就是一个比较典型的例子。后来他因反对朝廷，落得兵败身死的下场，也算是老天的报应吧。

其实综观整个唐朝，除了李贺，“诗仙”李白和“诗圣”杜甫也都写过有关钱币的诗句，如李白《答友人》的“人生贵相知，何必金与钱”，杜甫《逼仄行，赠毕曜》的“速宜相就饮一斗，恰有三百青铜钱”。在这些诗句中，都能找到钱币文化的影子。

四、16 岁女诗人的古钱狂想曲

半轮残月掩尘埃，
依稀犹有开元字。
想见清光未破时，
买尽人间不平事。

这首诗名叫《咏破钱》，相传是宋朝一名李姓的女子（名字不详）在 16 岁时所作的。此女是江苏人，从小颇能作诗，而且时有佳句。那天，她偶然捡到一枚满身泥锈的钱币，在摩挲把玩之中思绪荡漾，便写下此诗。诗前两句描绘了这枚破旧钱币的形象，后两句对它以前流通使用时的情景进行了丰富联想与猜测。

全诗的大致意思是：一枚唐代开元通宝钱币，它满身泥锈尘土，字迹也模糊不清。然而，它曾经也有光泽的时候，被人们使用，了却或制造出人间许多不公平的事情。

诗中“开元”二字，是指唐代铸造的开元通宝钱币，这个不难理解。而“半轮残月”，又该如何理解呢？

很多人认为，它是指这枚钱币破损得只剩下一小半，形状犹如残月一般。这种解释看似有理，但我认为并非如此。试问，既然钱币破损得只剩一小半了，又怎么确定它是一枚开元通宝呢？

其实，“残月”是指开元通宝背面的月纹，由于被泥锈覆盖或是破损，故为“半轮”。玩过开元通宝的朋友会发现，有不少开元通宝背面有一个弯月似的纹样，它如同女人指甲印一般，这到底是怎么回事呢？

621 年，唐高祖李渊废止五铢钱，发行新钱币“开元通宝”（图 6）。开元通宝铸工精好，钱文八分隶书，由书法家欧阳询所写。开元即“开辟纪元”之意，通宝是“流通宝货”之意。

图 6 开元通宝

据说，在正式开炉铸造开元通宝之前，负责此事的大臣进呈钱币蜡样给皇帝查看，皇后也上前观赏，她有意无意地在上面留下一道指甲印。对此，大臣们都不敢擅自更动，于是带有指甲印的蜡样被翻成钱模，再铸成钱币。这些开元通宝的背面便留下了一道指甲痕，它如同弯月形状，故被称为“廾元背月钱币”。此诗的作者李氏，她肯定是捡到了这样一枚开元通宝，故而有此描述。

至于留下指甲印的女人究竟是谁？钱币界一直说法不一。有人说是文德皇后，有人说是窦皇后，还有人说指甲印是杨贵妃留下的。

虽众说纷纭，然而这只是一些带着香艳气息的传说罢了。因为开元通宝背面的月纹并非只有一种，而是品种繁多（图 7）。那些可爱的“月亮”，它们有的在钱币背面穿孔上方，有的在下方，有的在左，有的在右，有的是双月，甚至还有三月、四月，而且呈现出仰月、俯月、大月、小月、粗月、细月等多种形态，如果把它们都说成指甲印，那显然是解释不通的。其实，它们的真实身份可能是一种炉别的标记，即表示来自不同的铸造地；也可能是受到某些外来文化的影响，作为一种钱币的修饰性纹样，以增加美观性和艺术性。

开元通宝的诞生，开辟了大唐经济文化新气象，并确立了通宝、元宝的钱币宝文钱体系，在我国货币发展史上具有里程碑意义。从此，钱币被称为“通宝”或“元宝”，沿袭了上千年。

图7 开元通宝背面的各种月纹

一名16岁少女，能够对一枚破旧的古钱怀有如此情愫，实属难得。她通过《咏破钱》一诗，寄托了对昔日开元盛世的向往之情，同时也对封建社会物欲横流、贪官当道、百姓受欺的现象进行了揭露。这名才情卓越的女孩，虽没有留下真名，但这首堪称“古钱狂想曲式”的诗歌，笔法老到，感慨深刻，又暗含讽刺，值得我们后人细细品味。

五、御书钱币之独特魅力

谪官无俸突无烟，
惟拥琴书尽日眠，
还有一般胜赵壹，
囊中犹贮御书钱。

这是北宋初期王禹偁所写的诗句。作为北宋诗人、散文家，文化革新先驱，文坛领袖级人物，王禹偁不仅为人正直，而且是一位以直言不讳著称的谏臣。当时他因向皇帝直言进谏而被贬官，被贬时他还不忘随身携带御书钱币，欣赏把玩，有感而发写下此诗，并传诵至今。从该诗中也能看出当时人们对御书钱币的推崇和迷恋程度。

御书钱币，是指用皇帝亲笔书写的钱文铸造的钱币，而这首诗中提到的御书钱币，应该就是指淳化元宝御书钱币，其钱文由宋太宗赵炅亲笔书写，一般分为楷书、行书、草书3种不同书体，系我国历史上最早的御书钱币（图8）。不久后，宋太宗又发行了至道元宝，这也是他写的御书钱币。

其实，御书钱币的出现，与宋朝开国皇帝宋太祖赵匡胤有着不可分割的联系。正因为他称帝后，刻意推行“重文轻武”的国策，并让后代严格遵守，才催化了两宋文化艺术的繁荣和御书钱币的诞生。

图8 淳化元宝三体御书钱币

北宋太祖和太宗兄弟俩，可谓是一武一文，他们奠定了大宋江山社稷。据说，宋太宗在书法上有较高的造诣，淳化元宝御书钱币铸好后，他便将这些钱币赏赐给大臣们。当时就有一些文人称颂其钱文是“尽返鹊回鸾之法，掩天龙地马之名”，极为赞赏与推崇。淳化元宝御书钱币，开了皇帝书写钱币文字的先河。受宋太宗影响，之后的北宋真宗、徽宗，以及南宋的高宗、孝宗等，也都非常喜欢书写钱文，并先后铸行了自己的御书钱币，比如大观通宝瘦金体御书钱币（图9），其书法艺术价值极高，后世有“风流天子出崇观，铁画银钩字字端”的赞美诗句。历史上的各种御书钱币，是华夏古泉宝库中一道既靓丽又独特的风景线，流传称颂至今。

图9 大观通宝瘦金体御书钱币

我国古典文学里的钱币文化（三）

一、阿堵物的前世今生

爱酒苦无阿堵物，寻春奈有主人家。
未容黄蜂酿成蜜，已怕恶雨不容花。
云间明月无可揽，海中蟠桃良未涯。
浮名误人不得脱，黑发减来那得加。

这是宋代文学家张耒《和无咎二首》中的诗句。首句“爱酒苦无阿堵物，寻春奈有主人家”的意思是：喜欢喝酒却没有钱，想要寻找春光，它却在别人的家里。

诗中的“阿堵物”一词,是指钱。为什么钱会被称为“阿堵物”呢?这自有一番道理。

原来，“阿堵物”出自南朝宋刘义庆的《世说新语》，其中“阿堵”是六朝时期（一般把历史上的东吴、东晋、宋、齐、梁、陈称为“六朝”）的民间口语,相当于现代汉语中的“这个”,而“物”为“东西”之意,“阿堵物”则表示“这个东西”。

在《晋书·王衍传》中有个颇为有趣的故事：王衍（字夷甫，西晋末年重臣）十分清高，很讨厌钱，平时从来不说一个“钱”字。他的妻子郭氏，好几次想办法逼他说出“钱”这个字，都没能如愿。有天晚上，她突发奇想，趁王衍熟睡的时候，悄悄把一串串钱币围着床放满一地，让他醒来时无法下床行走，用此办法迫使他说出“钱”字来。不料第二天早晨，王衍醒来见此情景，竟然指着满地的钱币叫道:“举却阿堵物（拿走这个东西）！”他一连叫了好几遍，仍然没说出“钱”这个字。于是乎，“阿堵物”就变成“钱”的别名，王衍有幸成为这一称呼的“发明者”。

当然了，把钱（钱币）称为“阿堵物”，带有一种轻蔑与讽刺的意味。因为自古以来，有不少自命清高的文人墨客，他们认为钱是世间庸俗之物，如果提及它，会玷污自己的清名，故不肯直言之，于是便用“阿堵物”这个让我们现代人哭笑不得的称谓来代替了。

二、孔方兄的神奇传说

寒窗败几无书史，公路可怜合至此。
青州从事孔方兄，终日纷纷喜生事。
作诗谢绝聊闭门，燕寝凝香有佳思。
静中吾乃得至交，乌有先生子虚子。

这首诗名叫《感怀》，是宋代词人李清照的作品。其中第二句“青州从事孔方兄，终日纷纷喜生事”的意思是丈夫赵明诚每天奔波于酒宴之间，醉心于钱财之中，整日闹哄哄的，喜欢惹出事情。

据说，此诗是李清照于北宋宣和三年（1121 年）赴莱州探望赵明诚时所作的，她在诗中流露出对丈夫的不满和自己的感伤。由于赵明诚当时出任郡守不久，忙于酒席应酬，没有抽出时间陪伴她，反而沉迷于“青州从事孔方兄”，让李清照有备受冷落之感，故而写下此诗。诗中的“青州从事”是指好酒，而“孔方兄”是指钱币（图 1）或钱财。那么，钱币为何会被戏称为“孔方兄”呢？

其实，“孔方兄”一词由来已久。古代钱币在铸造时，需要加工打磨，常常被穿在一根细棒上，为了便于固定，铸造者将它们中间开成方孔，这样就不会乱转了。逐渐地，钱币就被叫作“孔方兄”。

此外，古人一向视“天为圆，地为方”，外圆代表天命，内方代表皇权。而形状外圆内方的钱币，正好符合“天圆地方”的宇宙观，又是天命皇权的象征。于是，“孔方兄”这一称呼越传越广，喜欢的人也越来越多了。

晋朝鲁褒在《钱神论》中写道：“亲爱如兄，字曰孔方。失之则贫弱，得之则富强。”意思是说，钱币是个神奇的玩意，大家像对待兄长一般敬爱它，把它取名为“孔方”。如果没有它，就会贫穷衰弱；如果得到它，就会富足强大。由此可见世人对“孔方兄”的推崇和迷恋。

图 1 宋代钱币

被誉为中国古代四大才女之首、婉约派代表词人的李清照在诗中将钱币唤为“孔方兄”，自然是对它的雅称，这样不仅形象贴切，还减少了铜臭味和庸俗感，明显要比“阿堵物”好听多了。

然而，孔方兄也好，阿堵物也罢，它们都或多或少地丰富了祖国钱币文化，成为我们后人茶余饭后的谈资和精神生活的调料，这或许也是一种乐趣吧。

三、一首 700 年前的泉学史诗

我观泉志颇识钱，古今钱品不一传。
历山铸金史靡纪，泉府职币开其前。
五铢半两日以变，榆荚鹅眼争相缘。
重轻子母信有制，周郭肉好俱完全。
吾知圣人利世用，要在百货得懋迁。
农夫红女寘不易，尽布斗粟储为渊。

元朝学者吴莱（字立夫，浙江人）写过一首关于古钱的诗，以上是该诗的前六句。通过此诗，他简要阐述了我国古代钱币的发展及演变经过，同时对钱币在商品交易中起的作用提出了自己看法。（由于该诗篇幅太长，在此就不全部展示了，感兴趣的读者可以自己去查阅。）

诗开头的意思大致是：中国自古以来有很多不同的钱币，在历代铸币典籍中都有相关记载。接着，诗中先后提到了五铢、半两、榆荚钱、鹅眼币等古钱币。

由于是诗歌，受其年代、风格、体裁和字数限制，并非通俗易懂，所以借此机会，我把中国古代钱币的发展演变经过，用白话文做一简单介绍。

中国是世界上最早使用钱币的国家之一。天然海贝是最早的钱币形式，商代晚期铸行铜贝，是最早的金属钱币，距今已有 3000 多年。

春秋战国时期，逐渐形成刀币、布币、圜钱和蚁鼻钱四大钱币体系。公元前 221 年，秦灭六国，废除之前各种货币，在全国范围铸行半两钱。自此，圆形方孔钱成为法定标准货币（图 2）。

图 2 圆形方孔钱

汉代铸行五铢钱，并一直流通使用至唐初，前后历经西汉、东汉、两晋南北朝、隋朝共 700 余年，系中国古代流通时间最长的钱币。唐代废除五铢，铸开元通宝，确立通宝、元宝的钱币宝文钱体系，具有里程碑意义。

两宋时期，钱币铸造空前繁荣，钱文书法多变，铜钱和铁钱都有行用，并出现世界上最早的纸币和纪年钱币。辽、金、西夏等一些少数民族政权也铸过钱币，元代则以纸币为主，铜钱较少。

明代初期曾只用纸币不用铜钱，后改为钱钞（铜钱和纸币）兼用，且铜钱只用通宝一种钱称，到中后期白银逐渐成为主要货币。

清代处于由传统的制钱向近代机制币、纸币的转型变革过程中，其钱币制度复杂多样，币种包括铜钱、铜元、银元、纸币等形式，并采用银铜双本位制。此外，一些历代农民起义军政权也铸行过自己的钱币。

圆形方孔钱沿用于历朝历代，直至民国初年才被机制铜元（图 3）、银元所取代，共历时 2000 余年。

图 3 机制铜元

历史悠久的中国古钱币，形态独特、大小各异、品种繁复、材质多样，有着自己的铸造工艺和文化内涵，是中华文化与社会、经济兴衰的伟大见证，具有一定的历史价值、艺术价值、文物价值与收藏价值。

四、两位明朝才子的金钱观

不炼金丹不坐禅，
不为商贾不耕田。
闲来写就青山卖，
不使人间造孽钱。

这是明代著名画家、诗人唐寅（唐伯虎）写的《言志》，前三句的意思是：不想修道求仙，不想静坐养生，不想经商赚钱，不想种地耕田，只愿意每天画画，并依靠卖画来过日子。

诗中最后一句提到了“钱”。唐伯虎认为即使穷困潦倒，也“不使人间造孽钱”（不搞邪门歪道去贪图钱财），充分表达出一位诗画家的清高性格和高尚情操。同时，这首诗也暗示了当时商品经济虽得到了较快发展，货币需求量也逐渐增大，但社会上贪官当道、奸商欺人、权钱交易等腐败现象比比皆是，大部分老百姓仍过着贫苦生活，遭受不公正待遇。

唐伯虎素有江南“风流才子”之称，然而天赋异禀、才华横溢的他，为何会写出如此另类甚至有些落魄的诗呢？这可能与他仕途失意、一生坎坷、郁郁不得志有着一定关系。

除了唐伯虎，明代诗人、文学家沈周也写过一首与钱有关的诗，名叫《咏钱》，全诗如下：

个许微躯万事任，似泉流动利源深。
平章市物无偏价，泛滥儿童有爱心。
一饱莫充输白粟，五财同用愧黄金。
可怜别号为赇赂，多少英雄就此沈。

除了题目，整首诗没有写一个“钱”字，却高度概括了“钱”的基本特性与是非功过，并抒发了作者的感想，堪称是风格奇特、意义深邃之诗。

诗的首句“个许微躯万事任，似泉流动利源深”，意思是指：钱币体型虽然微小，却能够像泉水一样流通不息，在交易买卖中起到重要作用，带给人们很大的便利。

此处沈周把钱币比喻成泉水，我认为是再恰当不过了。因为自古以来，“泉”就是钱币的代称，这在史籍中屡有记载，如《周礼·地官·泉府》曰：“泉与钱，今古异名。”《汉书·食货志》曰：“故货宝于金，利于刀，流于泉，布于布，束于帛。”

而且，我国历朝历代很多钱币，它们的钱文中都带有“泉”这个字，如王莽钱币“六泉”（小泉直一、幺泉一十、幼泉二十、中泉三十、壮泉四十、大泉五十）、货泉、布泉，三国东吴钱币大泉五百、大泉当千，十六国时期钱币凉造新泉，五代钱币永通泉货（图4），唐代钱币乾封泉宝，等等。南宋钱币淳熙元宝中也有背面铸“泉”字的品种。可见，泉与钱之间结下了不解之缘。

至于诗的后几句，我在这里就不细说了，相信大部分读者都能看懂。

图4 永通泉货

明代很长一段时间实行钱钞（铜钱和纸币）兼用，到了中后期，大量白银从海外流入中国，逐渐成为主要货币。在经济获得发展的同时，卖官鬻爵、贪污腐败、拜金主义等各种现象也不断滋生。沈周想用这首咏钱诗提醒世人，金钱（钱币）固然重要，但不要被它冲昏了头脑、迷失了本性，做出违法犯罪之事，落得身败名裂的下场。同时，他希望人们用正确的心态看待金钱，正所谓“君子爱财，取之有道”，用自己的勤劳与智慧获取合法收入，才是人间正道。

沈周与唐伯虎、文徵明、仇英并称“明四家”（明代4位著名的画家），比起唐伯虎在诗中对金钱的不屑和排斥，沈周的诗显得更加客观、理性，对金钱的看法与观点也容易被大多数人所接受。

人活在世上，离不开钱币。对于钱币，我们每个人或许都有自己的理解，有人认为它是雅玩，有人认为它是俗物，所谓仁者见仁、智者见智，就让读者们自己去思考吧。

五、一名汉朝宠臣的传奇人生

黄头郎君忽有钱，
王侯公卿皆比肩。
尔钱来何路，
乃敢凌豪贤。
古无不崩之铜山，

日中有钱人所羡，
日夕饿死人谁怜。

这首诗名叫《邓通钱》，是清代诗人屈复所写。我国古典诗词品种和题材极为丰富，然而直接以钱币为名的作品并不多见。那么，这首如此独特的诗到底讲述了什么历史典故？诗中的钱又是指何种钱币呢？我们不妨来了解一下。

诗里的“黄头郎君”，是指西汉时期的邓通（生卒年不详），他曾在宫中当过黄头郎（汉代为帝王撑船的郎官都要佩戴黄色头巾,故得名“黄头郎”）。

邓通此人，在我国历史上颇有些传奇色彩。他性格温柔，为人谦虚，又善于说话，很讨汉文帝刘恒的欢心。有一天，汉文帝请来一位相师给邓通看相，这位相师竟然说邓通日后会因为穷困饥饿而死。汉文帝听了大惊，于是把邓通家乡附近大大小小的铜山（含有铜矿的山）都赏赐给了他，并批准他可以自已铸造钱币，这样他就再也不会因为穷困而死了。于是,邓通凭借与汉文帝的亲密关系,开采铜矿,铸造“邓通钱币”,从此他的人生如同开挂一般，一时间富甲天下，风光无二。

此诗中的“钱”，当然是指邓通铸造的钱币，至于他究竟铸造了什么钱币，诗中虽未提及，但如今我们仍然可以寻觅到它的身影。

据考证，邓通铸造的钱币为半两，但它与战国半两、秦代半两，以及汉代其他品种的半两有所不同,多采用青铜材质,正面钱文为篆书“半两”二字，背面无文，史称“邓通半两”（图 5）。

邓通十分感激汉文帝所赐的恩德，因此他铸造钱币格外认真，造出来的半两大多数质地优良,光泽度好,分量又充足,偷工减料的现象很少。很多钱币的穿孔上下处有凸鼓出来的铜肉疙瘩（戏称“福包”，谐音“福报”），因此它们又被称为“多福半两”。据说在当时，上至达官显贵，下至贩夫走卒,都很喜欢使用邓通半两,很快此钱便流遍全国,无人不晓。

回想当初，邓通只不过是一名在宫里撑船的黄头郎，却能凭借与汉文帝的特殊关系私铸钱币，官至上大夫，一跃成为能与“王侯公卿”平起平坐的人，甚至被司马迁写入《史记》，虽有运气的成分，但他的情

图 5 邓通半两

商也绝非一般人可比。

俗话说“十年河东，十年河西”。数年后汉文帝去世，汉景帝刘启登基。刘启不喜欢邓通，一上台就将他革去官职，关进监狱，并将其所有家产充公，还把他家里的矿山也收了回来。邓通瞬间从天下首富变得身无分文，他只好寄居在别人家里，最后穷困落魄而死。落得如此下场，真的被那位相师“一语成谶”了。诗人屈复通过对邓通人生遭遇的描述，表达出一种“人生无常，金钱易失”的感慨之情，又略带着一些讽刺意味。

正如诗中所说的“日中有钱人所羡，日夕饿死人谁怜”，宠臣邓通没能逃脱命运的魔咒，走完了自己的戏剧性人生，结局虽然不免有些凄凉，但他的半两钱币却因铸工精良又独具特色，深受人们喜爱，并世代流传。以至于时隔近 2000 年以后的清代，居然还有文人特地以《邓通钱》为题目写诗，可见他的钱币有多么巨大的魅力和影响力。

我国古典文学博大精深，涉及“钱”或“钱币”的文学作品应该还有不少，其中所蕴含的钱币文化也很深厚，由于篇幅关系，在此只能摘取其中几段，粗浅谈一下认识。感兴趣的读者可以自己去寻找，相信在遨游书海的同时，一定会受益匪浅。

趣谈古钱币上的“六”字

中国古代文化源远流长，早在先秦时期就诞生了数字符号，我们的祖先懂得用它们来进行演算和记事。“六”，作为其中一个数字，蕴含吉祥顺利、安康幸福等意义，自古以来一直被广泛使用。在我们老百姓心中，“六”字象征着交好运、吉祥如意等，正所谓“六六大顺”，它作为顺利和成功的象征，和“八”字一样，是数字中的明星，一直受到人们追捧。

钱币是文化的载体、经济的映射，在我国历朝历代的古钱币上，我们也能很幸运地找到“六”字。

在春秋战国时期的空首布上，就已经出现了各种数字符号，它们用于记数字、记天干地支、记地名等，如“一”“上”“日”“田”“土”“武”“卢氏”“东周”等字，其中就包括“六”字。在春秋战国时期燕国铸造的尖首刀（图1）、明刀等钱币上，也铸有“六”字或包含“六”字的铭文。此外，还有铸刻了“第十六”铭文的环钱（图2），但极为罕见。这些铸刻在空首布、刀币、环钱、铲币上的“六”字，都是古篆书，它和现代汉字中的“六”不同，具有苍劲、古朴、大气之感，是先秦货币文字的典型代表。

图1 尖首刀背“六”

公元10年，王莽第三次币制改革，铸造“十布”，从“小布一百”到“大布黄千”，它们形状相似，但规格、重量依次递增，其中就有带“六”字的布币——中布六百。该钱形体古雅，钱文篆书精道，“六”字的笔法写得如同行云流水，极具个性。

三国时期，蜀汉刘备铸行的直百五铢和蜀五铢之中，也有背面阳刻或阴刻“六”字的。

太建十一年（579年），南朝陈宣帝铸行了虚价大钱太货六铢（图3），以一当十，引起百姓的不满。有趣的是，其钱文中的“六”字写得很是奇特，就像一个人叉着腰站立着，而“太”字和“铢”字，写得像是有许多泪珠。当时有人称，这种钱文象征着“叉腰哭天子”，结果没过几年，陈宣帝真的就病死了。

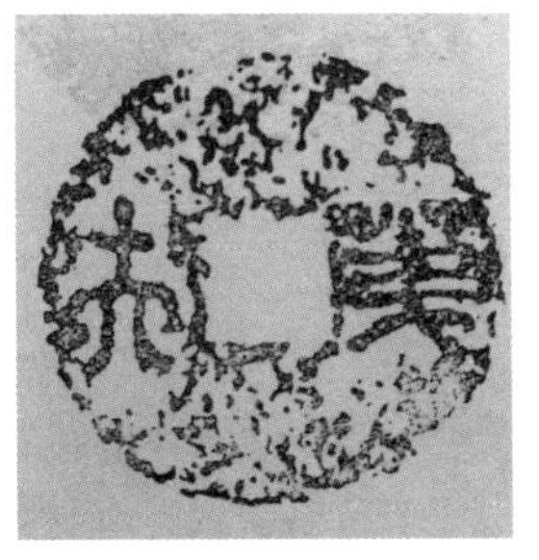

图2 “第十六”环钱拓片

图3 太货六铢

随着朝代更替，铸钱技术不断提高，货币政策也不断完善，到了南宋孝宗时期，出现了纪年钱币，即钱币背面铸有当时的年份。淳熙元宝背“柒”铜钱，系世界上最早的纪年钱币。而宋宁宗赵扩的庆元通宝背“六”铜钱，是我国历史上第一枚铸有“六”字的纪年钱币。之后也出现过一些铸有“六”字的纪年钱币，既有铜钱也有铁钱，如嘉定通宝、淳祐元宝、皇宋元宝（图4）、绍定通宝和咸淳元宝等。有些皇帝，当政不到6年就去世了或者改了年号，因此没有铸造纪年“六”的钱币。此外，在历代民俗花钱之中，也有带“六”字吉语的钱币。

可见“六”字在古钱币上有各种不同的表现形式，可谓大观。至于近现代金属币、纸币上带有的“六”字或“6”字，那就更多、更丰富了，在此就不多表述了。

图 4 皇宋元宝背纪年“六”

为何在古钱币上会出现“六”字呢？大多数是出于计数、纪年等需要。比如：空首布、环钱、尖首刀、明刀及各类五铢钱上的“六”字，主要起计数、记顺序等作用；王莽布币上的“六”字，是一种计值的手段，便于兑换和流通使用；南宋钱币上的“六”，大多是出于纪年需要，系货币改革的具体表现形式；民俗钱币上的“六”字，它们多半包含在某些成语、吉语当中，代表了老百姓朴实的意愿和祝福。总之，这些古钱币上出现形形色色的“六”字，主要是为统治阶级服务的，由此可以看出古代统治者们铸造货币的不同手段与出发点，也为我们后世制定经济政策带来启迪和思考。当然，世上仍存在一些古钱币上的“六”字尚不能确定其意，这有待我们去进一步考证，从而揭开其神秘面纱。

当今，带有“六”字的古钱币，既是历史的见证，具有文物价值，又寓意吉祥，因此许多泉友喜欢购买这些古钱币，或用来珍藏，或用来招财祈福，希望给自己带来好运。随着近年来古钱币市场的不断发展，各类藏品不断升值，相信它们一定会有更好的市场前景和艺术收藏价值，从而焕发出绚丽的光彩。

盘点华夏文明史中的“奇葩钱币”

众所周知，华夏文明源远流长，历朝历代铸造钱币的材质可谓多种多样，金的、银的、铜的、铁的、铅的、锡的，想必大家都有所耳闻。然而，历史上还存在一些“奇葩钱币”，它们也曾一度行使过货币职能，相信许多读者不一定听说过，在此不妨聊一聊它们吧。

一、用纸糊成的钱币

581 年，杨坚建立了隋朝。作为开国之君，他励精图治，将天下治理得井井有条，并开创了“开皇之治”的繁荣局面。他铸行的五铢钱厚重足值，颇得民心。但好景不长，他的儿子隋炀帝杨广继位后，不仅荒淫暴虐、穷奢极欲，在货币政策上也是臭名昭著。

据说，杨广在即位前就开炉铸造过五铢钱（图 1），过了把玩钱币的瘾。上台后，由于治理不善，经济混乱、吏治腐败，民间钱币私铸的现象更加猖獗，而且普遍偷工减料，将钱币越做越小、越做越轻。杨广自己也在扬州开炉鼓铸夹锡五铢，铜色发白，世称“白钱”。此外，他还铸造了铁钱。这些钱币的质量和大小都远逊于隋文帝杨坚铸造的开皇五铢。这样的货币政策，很快造成新一轮通货膨胀。据说，当时谷米的价格涨到了要花上万元甚至数万元才能买到 1 石的地步。

图 1 隋朝五铢

如此可怕的物价，钱币根本就不够用，简直让隋朝老百姓没法过日子了。于是乎，偌大一个隋朝，人们竟然开始剪皮革、割铁皮，甚至糊纸盒子当钱币使用！这些纸糊钱一般用硬纸板糊制而成，它们大小、形状、轻重不一，和后世发行的纸币有很大区别，并非真正意义上的纸币。

拿纸盒子当钱，恐怕在全世界货币史上也鲜有耳闻吧。隋炀帝这个在历史上既“大名鼎鼎”又臭名昭著的皇帝，在位期间横征暴敛、声色无度，而且到处游玩，又多次征战，很快把父亲隋文帝积攒的老本消耗殆尽，断送了大好江山，使隋朝变成一个历史上的短命皇朝（只有 37 年），连自己也被部下所杀，实在可悲。可见，一个人私欲过度的后果不堪设想啊。

二、泥巴做的钱币

隋朝有纸糊的怪钱，唐朝也有自己的“奇葩钱币”。

在唐朝倒数第二个皇帝唐昭宗当政时期，就出现了一种用泥巴做的钱币。这种“奇葩钱币”的发明者是卢龙军节度使刘仁恭，他的辖区在幽州一带（今北京）。唐末藩镇节度使的权力很大，就像土皇帝一样，根本不受中央管控。这个刘仁恭便是如此。他生活腐败、荒淫无度，在自己的辖区内为所欲为，弄得老百姓怨声载道、苦不堪言。据说他让手下在大安山顶挖了一个大洞穴，窖藏了许多钱币财宝。这还嫌不够，他又命令幽州百姓用黏土造钱，在其境内强制流通使用。

在古代，泥钱主要是作为一种陪葬品放入墓中的，而刘仁恭却把这样的“冥币”堂而皇之地作为正式流通的钱币，可谓居心叵测。这样粗制滥造的虚值钱币，老百姓们当然不喜欢使用了，因为它们根本就是统治者掠夺民间财富的手段。

由于泥钱相对铜钱脆弱易碎，难以保存，所以没有保留下来实物。至于它们到底是什么尺寸、上面有什么钱文、面值大小多少等，我们只能凭想象来猜测了。我猜测这些泥钱应该经过烘烤等特殊加工工序，变得质地坚硬，不易干裂破碎，这样才能使用，总不会像一坨泥一样软趴趴的吧？

经考证，这个刘仁恭不仅藏匿铜钱，流通泥钱，还铸过铁五铢、铁货布、铁顺天元宝等钱币，如此混乱不堪的币制，自然不会长久。后来李存勖平定幽州，刘仁恭父子被擒，并被全部处死。而这个恶人铸造的泥巴钱币，也沦为中国钱币史上的一则笑话。

三、各种实物类钱币

除了纸糊钱币和泥巴钱币，在我国古代还有不少东西曾多次作为钱币来使用，比如天然海贝、谷、帛等。

天然海贝是我国最早的货币，它美观小巧、坚固耐磨、便于携带、易于计数，曾经广泛流通于夏朝晚期、商朝和西周时期，距今已有三四千年的历史。作为我国货币的“鼻祖”，海贝既是自然物货币，又在交易买卖中充当一般等价物。它大大促进了古代商品经济的发展，在我国货币史上，乃至华夏文明史上，都有着无可替代的地位与作用。它的流通和使用，是人类社会文明进程的一个重要标志。

三国时期魏国，魏文帝曹丕上台后，恢复使用汉代五铢钱还不到一年就引起通货膨胀、物价猛涨，货币贬值比较严重。这时曹丕急了，只好下令停止流通五铢钱，让老百姓把谷、帛或其他纺织品当作货币来使用。于是，这些百姓平时自己生产的物品竟变成了一种实物货币。

其实，在历史长河中，谷和帛等物品曾多次作为辅助货币，断断续续地被老百姓流通使用过。所以说，不光是魏国，其他不少政权统治者也都提倡使用它们。比如唐代政府就提倡布帛货币化，还规定在交易中如果金额超过 100 贯，那么粮食或布匹必须要占货币的一半。

此外，在某些地区，特别是一些边远地区，由于流通的钱币太少，不够使用，老百姓就自愿用实物来代替钱币。比如，唐代南诏国（今云南一带）就长期不使用金属货币，以贝币和绢帛等来代替，而巴蜀一些边缘地带则用盐和布匹充当货币。更夸张的是，当时汉中地区的老百姓格外喜欢物物交换，他们将盐、麻、丝等物品都变成了货币，甚至连鸡鸭鱼肉也能行使货币功能，真是奇特。

除了以上这些“奇葩钱币”，还有不少物品，比如牛、羊、石器、玉器、陶器、棉花等，它们都曾在我国古代不同的历史时期充当过钱币。对此，我们后人不得不赞叹：古代人真是头脑灵活，他们的创新思想简直是无止境的。

“靖康钱”与“靖康眼”的传说

“靖康耻，犹未雪。臣子恨，何时灭。”这是抗金名将岳飞在《满江红》中的豪言壮语，他以此来抒发自己“赢取二帝，重整山河，驱除鞑虏，洗我靖康之耻”的爱国主义情怀。

诗句中的“靖康”二字，是指北宋钦宗皇帝赵恒的年号。而“靖康耻”，指的就是靖康二年（1127 年）金兵攻取北宋首都，掳走徽宗、钦宗二帝，导致北宋灭亡的事件，史称“靖康之变”。可怜的宋钦宗，他只在位了短短一年多，就被掳往北方，开始寄人篱下的痛苦日子。与此同时，岳飞率领的岳家军与霸占北宋领土的金国人进行了多年战斗。

此外，家喻户晓的金庸作品《射雕英雄传》中的重要人物郭靖和杨康，他们之所以被取名为“靖”与“康”，就是为了让他们牢记“靖康耻”，长大后能够报仇雪恨，可见“靖康”一词影响之深远。

图 1 靖康元宝和靖康通宝

宋钦宗在位时期（1126—1127 年）铸行了靖康钱币，即靖康元宝和靖康通宝（图 1）。靖康钱币的版式品种极为丰富繁杂，作为北宋最后一种货币，其钱文有篆、楷、隶等书体，按材质可分为铜钱与铁钱。可以说，古往今来，没有一个人能将所有靖康钱币品种收集齐全，足见其魅力与神秘感。

由于北宋的灭亡，靖康钱币作为北宋官方最后一种年号钱，其发行量稀少，无论是传世还是出土数量，都甚为罕见。而靖康通宝（图 2 和图 3）比靖康元宝更加珍稀，其铸造时间只有短短几个月，一直是历代古钱币藏家们苦苦寻觅追踪的目标。可以说，谁只要拥有一枚靖康通宝，谁就能称得上是古钱币收藏家。

图 2 靖康通宝篆书折二

图 3 靖康通宝楷书折二

北宋是我国历史上的铸币高峰期，虽然历年北宋钱币出土不计其数，却难得有靖康钱币发现。它们铸量本来就少，能遗留下来的更是凤毛麟角。往往某地出土数万枚北宋钱币，里面却没有一枚靖康钱币。相对而言，靖康通宝更为罕见，被泉家视为瑰宝，甚至被评定为国家珍贵文物。因此，一枚靖康通宝的发现，往往会引起中外钱币界的重视和各种新闻媒体的关注与报道。于是乎，很多泉友不惜花费重金开钱币筒子、砸钱币罐子，就是希望能够走运，博到一枚靖康通宝。同时，在巨大利益的驱使下，靖康钱币已成为造假的重灾区，各类赝品、仿品、臆造品等层出不穷，大有“道高一尺魔高一丈”之感，所以建议想要入手的泉友，走正规渠道，谨慎购买。

靖康通宝堪称中国古钱币之极品，位列古泉五十名珍之中，声名远播，享誉中外。它不仅有很高的历史文物价值，还有很高的艺术收藏价值。因此在钱币市场上价格不菲，且一直上涨。如今，在某些古玩拍卖会或者钱币拍卖网站上，一枚靖康通宝的竞拍成交价已高达几十万元甚至上百万元，可见其价值之昂贵。

曾几何时，有一位泉友靠自己的学识与眼力，在一大堆钱币中成功

捡漏到一枚靖康通宝，从此在钱币圈这则故事便被传为佳话，而这位幸运儿，因为他有“发现靖康之神眼”，也被冠以“靖康眼”的雅号。

当然，也有少数泉友，虽没有捡漏到靖康通宝，却捡漏到了其他古泉珍品，他们也无疑是高手。久而久之，在钱币圈，喜欢把那些眼力过人、能捡大漏的玩钱高手称为“靖康眼”。谁拥有这样一双能够辨假识真的“靖康眼”，谁就是钱币圈名副其实的赢家。于是乎，第二个、第三个、第N个“靖康眼”便纷纷诞生了。

“靖康钱”的神秘贵重、“靖康眼”的高深莫测，都让泉友们为之向往。朋友，无论你练就了“靖康眼”，还是拥有了“靖康钱”，都是多么令人仰慕和艳羡的事情啊。

宋韵文化与钱币书法艺术略说

2022 年 11 月，杭州南宋德寿宫遗址博物馆正式对外开放。壮丽的宫殿（图 1）、漂亮的百米红墙（图 2）吸引了无数游客打卡拍照，同时让宋韵文化再度“火”了起来。

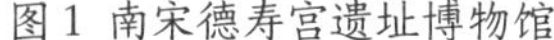

图 1 南宋德寿宫遗址博物馆

图 2 百米红墙

提起宋韵文化，可谓博大精深，它体现在文学、思想、艺术、宗教、礼仪、民情生活等方方面面，涵盖面甚广，受众面甚大。其中，多姿多彩的两宋书法艺术是重要的表现手法之一。而这一点，在两宋钱币上也得到了生动精彩的体现。在此仅从钱币文字书法的角度向大家简单讲一下。

许多钱币爱好者都知道，由于统治者比较重视文化，宋代的钱币文字书法达到了鼎盛。早在北宋太宗时期，就铸造了淳化元宝和至道元宝楷书、行书、草书 3 种书体的御书钱币（钱文由皇帝亲笔书写的钱币），简称“御书钱”。后来又相继出现了北宋真宗赵恒御书的祥符通宝，以及北宋徽宗赵佶自创瘦金体御书的崇宁通宝（图 3）、大观通宝、宣和通宝等多种钱币。其中，宋徽宗的御书钱币文字铁画银钩、劲瘦刚健、神韵十足，堪称一绝，在整个中国钱币史上都享有盛誉，后世留下“风流天子出崇观，铁画银钩字字端”等评价。

除了皇帝，不少名人名家或官员也题写过钱币上的文字，比如元丰通宝（图 4）的行书钱文，相传是大文豪苏东坡所写，而崇宁重宝的钱文，据说是大奸相蔡京所写。此外，皇宋通宝有一种九叠篆，其篆书钱文迂回曲折、优雅流畅，十分奇特，被历代泉家视为大珍之品。

图 3 崇宁通宝瘦金体

图 4 元丰通宝行书

北宋钱币分为铜钱、铁钱、金银币、纸币等许多品种，综观其钱文书法，包含了楷书、行书、草书、隶书、篆书、瘦金体等诸多书体，千姿百态，蔚为壮观，而且笔画变化无常，版别极为丰富，可谓集各种书法之大成，充分体现了我国书法艺术的强大魅力。

“靖康之变”后，赵构继位建立南宋，在早期的铸钱形制与风格上，基本承接了北宋遗风，出现各种年号相同、钱文书法各异的对钱。比如建炎通宝、绍兴元宝、隆兴元宝、乾道元宝等钱币（图 5），至少有 2 种（楷书和篆书）以上的对钱。据说，绍兴通宝直读楷书是南宋高宗赵构的御书钱币，而乾道元宝楷书是南宋孝宗赵昚的御书钱币。

而到了淳熙七年（1180 年），情况有所变化，开始铸行单一的纪年钱币，并逐步停止铸造其他年号的对钱。于是，淳熙元宝背“柒”铜钱成为世界上最早的纪年钱币。由此可推测，淳熙初期恰好是铸钱版别最多、对钱鼎盛之时，其钱文书法艺术自然也丰富多彩。

图5 南宋钱币

比如淳熙元宝背“泉”铜钱（图6），形成了真、行、隶、篆四书体对钱。也就是说，在一种钱币上出现了4种不同书法，这在对钱中是绝无仅有的，甚至超越了北宋钱币，达到了钱币书法艺术的历史巅峰。据考证，此种四书体对钱，系同一钱监，即当时的浙江严州神泉监（今浙江建德）所铸。它们属于纪监钱币，背上的“泉”字是神泉监的简称，也是古代钱币的代称，一般可分为小泉、中泉、大泉、篆泉4种。小泉钱文楷书，笔画飘逸大方；中泉钱文行书，笔意流畅遒劲；大泉钱文隶书，笔法端庄秀丽；篆泉钱文篆书，笔风古朴苍劲，且铸量最少。这4种背“泉”钱币之书法，可谓各具特色、各领风骚。

图6 淳熙元宝背“泉”铜钱一套

此外，南宋还铸行了嘉泰通宝折三、嘉熙重宝折五、嘉定元宝折十、大宋通宝当十、淳祐通宝当百等大面值钱币，以及各种铁钱、钱牌、纸币和金银币，它们上面的文字书法也是可圈可点。

比如嘉定元宝折十（图7），钱文6字结合颜真卿的颜体、柳公权的柳体两者之特点，笔法遒劲刚健，笔意端庄优雅，很可能出自名家之手。而且该钱厚重足值，铸工精湛，铜质优良，即使与宋徽宗的大钱相比也毫不逊色，具有一定的历史文化价值与艺术收藏价值。虽说南宋偏安一隅，缺乏原料，铸币的规模和数量逊于北宋，但南宋钱币采用了纪年、纪地、纪值、纪范、纪炉次等形式，可谓颇具特色。

图7 嘉定元宝折十

形形色色的两宋钱币组成了多姿多彩的钱币文化。我们从其文字书法中能够充分领略到宋韵文化的独特魅力。可以说，我们欣赏把玩这些钱币，就如同感受了一场宋代书法发展与演变的视觉盛宴。诚然，我只是从钱文书法艺术的角度讲述了它与宋韵文化之间的联系，钱币所蕴含的宋韵文化元素还有很多，在此就不逐一阐述了。

杭州，作为南宋首都临安城遗址所在地，具有深厚的宋韵文化历史积淀。而宋韵文化融入诗词文赋、佛道信仰、学术思想、建筑风貌、礼俗文化、地域风情等各方面，杭州出土发现了大量宋代钱币也足以证明这一点。一枚枚小小的钱币，不仅串联起两宋光辉灿烂的历史，还把蕴含宋韵文化的书法艺术发挥得淋漓尽致与恰到好处，让我们后人叹为观止。

其实，真正的好钱币只有两种？

玩钱币，耗费了我们大量精力、体力和财力，甚至是可贵的感情，然而付出这一切，究竟是为了什么？

对于这一句灵魂拷问，或许不少泉友会说，不就是想得到更好、更多的钱币吗？这里的更好，当然是指钱币更稀少、品相更完美、价格更昂贵等。

然而，许多泉友玩钱币往往都有一个通病，那就是哪怕再好的钱币，一旦到手，把玩一阵后，便感觉了然无趣，不过如此而已，于是将其束之高阁，少有问津。如此心态，我其实能理解，毕竟人往高处走，玩钱币也不例外，我们总想玩得更好、更精、更稀有。但所谓的更好，永远没有止境。

那么，怎样的钱币才是真正的好钱币呢？

一

前几天，我拜访了一位颇有名气的藏家，其泉品可谓盈千累万，蔚为大观,他在当地泉界素有一代“币师”之称。此次,有幸见识了他的“宝贝们”。只见，洋洋洒洒的钱币精品、珍品、名誉品摊了一大桌子，有成摞的清代咸丰钱币（图 1），其中不乏当五百、当千等名品，还有各类样钱、母钱、试铸钱，甚至还有一枚雕母。由于好东西太多，短时间里我根本看不过来。

对此，我不禁感觉自己这么多年的钱币白玩了。“每天有这么多宝贝陪伴着，你肯定很满足吧？”我忍不住问这位藏家。

不料他却回答:“唉，其实看多了，也就这么回事，已经没啥感觉了。

在我眼里，它们也没好到哪里去。”

图 1 清代咸丰钱币一组图

“那么，你心中的好钱币到底是什么呢？”我很好奇。

“当然是没有得到的钱币咯！”他呷了一口茶，接着说，“不瞒你说，那年有一枚大开门的国宝金匮直万（图 2），深坑绿锈，字口正，品相棒，卖家要价 6 万元，我当时付了一半款，答应另一半第二天付清，便先把钱币带回了家。到家后，静下心来一想，总感觉要价太高，经济上有些吃不消（当年 6 万元属于巨款），加上老婆也反对，于是左思右想后，第二天归还给了卖家。但没过多久我就后悔了，急忙又去找他，没想到那枚钱币已经被别人用 7 万元高价买走了。到手的鸭子就这么飞了，我真是肠子都悔青了。其实 6 万元我当时东拼西凑一下，咬咬牙还是能拿得出来的。时光荏苒，现在这玩意，没个上百万根本拿不下来。虽已过去多年，但一想起这事，我的心还是痛。”

图 2 国宝金匮直万

我听后，斗胆问道：“如果你得到了它，时间一长，会不会觉得也是泛泛之物？”

“或许吧，人性本就如此。”老藏家眼中射出犀利的光。

顿时，我仿佛明白了。原来，那些自

己曾经错过的、没有得到的钱币，才是最好的钱币，也是一辈子的痛与思念。但如果有一天，你得到了它，那它就不再是某种意义上的好钱币了。

也许，这便是欲望，这便是人性。

二

泉友小艺是名副其实的“品相派”，他一直追求钱币极致的品相，要求有迷人的色泽、顶级的颜值。平时，小艺总是喜欢凭着想象，在自己的脑海中描绘出完美钱币该有的模样，并沉醉于这种“唯美想象”，不能自拔。

正所谓日有所思、夜有所梦，那些“神颜币”也时常会出现在小艺的梦中，让他神魂颠倒，直到他醒来才发觉只是黄粱一梦。

小艺不甘心，他按照想象和梦境中的标准去寻找钱币，希望越完美越好。比如灵石坑的布币、四川坑的北周、白马坑的开元、西溪坑的南宋、苏州坑的明钱、连云港坑的五铢、祈福坑的大定（图 3）等名坑美泉，他都不惜代价一一买下。虽然这些钱币都很美，但小艺总觉得它们与自己想象中的完美钱币仍然有差距。于是，他继续搜寻，继续购买。久而久之，他发现每次掏完钱、购到币之后，自己都会遇到下一枚更美的钱币。

图 3 祈福坑的大定通宝

更让人难过的是，他还发现买来的那些所谓“完美”钱币，其实也并不完美，它们有的存在暗裂，有的是后上色，有的文字动过手脚，自己不仅被别人割了韭菜，还交了一次次的智商税。

小艺终于醒悟，原来真正的好钱币只出现在想象中，只存在于梦境里。于是，他索性继续做着自己的春秋大梦，沉醉在“完美钱币世界”的想象中，如痴如醉，无问西东。

泉海茫茫，无边无涯。也许真正的好钱币只有两种：

一种是你得不到的钱币，

一种是你想象中的钱币。

各位读者，你们觉得呢？

对于铺天盖地的“盒子币”，要怎么看待？

曾几何时，一位新成员开始在钱币圈中崭露头角，它的名字叫“盒子币”（图1）。

图1 盒子币

盒子币，顾名思义就是封装在严密盒子里的钱币，它们是钱币评级公司的产物，是经过评估鉴定的，故又称“评级币”。作为近些年的新兴事物，盒子币正引领着玩钱币的潮流。

由于盒子币的诞生，泉友们为了便于区分，喜欢把尚未评级入盒的钱币，称为“裸币”（图2）。

此外，在盒子币家族中，通常又有P盒币与国盒币之分。P盒币，是指经过美国PCGS（Professional Coin Grading Service）鉴定、分级、评分的钱币，主要以机制币和纸币为主。根据币质的优劣，一般有MS、AU、XF、VF、F、VG、G、FR、PO等数十种级别之分。而国盒币，是指由国内评级公司来鉴定、分级、评分的钱币，包括古钱、机制币、纸币等，范围较广。根据钱币的品相，分为真品、美品、上美品、完美品、极美品等档次。此外，听说还有N盒等盒子币种类，在此就不赘述了。

图2 裸币与盒子币

盒子币上通常会标注钱币的年代、品种、特征、分数、评级公司名称、编号、二维码等信息，以供大家了解。

说实话，初次见到盒子币时我对其并不感冒，因为大多数钱币入盒后就无法再拿出来，隔着盒子看钱币，失去了把玩它们的快感，总觉得不太习惯，有一种雾里看花、水中望月、穿着雨衣洗澡之感，所以当时也就没多在意。本以为这些盒子币只是小打小闹而已，成不了气候。然而，它们发展之快、势头之猛、影响之大，不得不让人吃惊。

比如说，某次去逛交流会，我发现很多摊位上竟然看不见一枚裸币，清一色全是盒子币。可见，其发展已是一种趋势。不少泉友甚至认为，如果自己没有几枚盒子币玩玩，就算落伍了。而买家在买裸币时，问得最多的一句话就是："这钱币，包入盒吗？"看来，包真、包老、包入盒，已成为钱币圈约定俗成的"三包原则"。

在发现自己跟不上潮流后，我开始重新审视并关注盒子币，希望为时不算太晚。首先，盒子币的诞生与钱币评级公司是分不开的。此类公司创造了一种全新的产业，短短几年里，它们在全国各地如雨后春笋般茁壮成长起来，踊跃探索着进一步实现钱币价值与安全保障的新方法和新模式，这是值得肯定的。

正所谓世间万事万物，存在即是合理。盒子币为何能诞生并脱颖而出，的确有自己的优势。

第一，泉海茫茫，真假难辨。近年来，在钱币市场繁荣的同时，赝品、仿品数量剧增，导致新入门的泉友很难独自在古玩市场中买到货真价实的真品钱币。而经过鉴定、有品质保障的盒子币，能帮助他们在一定程度上规避风险，为他们保驾护航，让他们安心收藏。

第二，通常评级机构对盒子币的评测是全方位的，一些钱币的缺陷与瑕疵，比如有裂、有眼、修补、铸缺、不平整等也能识别出来，这样可以帮助泉友避免不必要的经济损失。

第三，盒子币封闭式的包装方式能避免钱币的氧化，更好地保存其原貌，为泉友妥善保护藏品提供了一定便利。

第四，盒子币独具魅力，它的诞生与发展使大量钱币新人涌入，为钱币的收藏与经营带来更大市场。它让钱币更出彩，引来更多资本，带动更火爆的行情。

第五，评级公司与盒子币的繁荣，在一定程度上解决了一些就业压力。据我所知，现在有不少泉友（特别是年轻人）都在评级公司任职，这一新兴产业已为泉友们提供了不少的就业机会。

以上是盒子币的 5 点积极影响，但一种新事物、新现象的产生，往往会带来一些问题与不足。比如，密封的盒子使泉友无法零距离触摸钱币，去“一饱手福”，无法感受钱币的质地、包浆、锈味等，妨碍了泉友对钱币的进一步认知与理解。不过后来，开放型盒子币的出现在一定程度上解决了该问题，但仍未根本解决。再如，把钱币的“话语权”交给盒子，容易带来误导。一些泉友会更看重某枚钱币评分的高低、评级的公司等，而忽略了钱币本身的历史与人文艺术价值。

此外，盒子币会让玩钱币变得“过于简单”，可能会造成泉友能力的弱化和钱币圈门槛的降低。人性的趋利特点和评级入盒机制的发展不成熟、不完善、不健全，更会造成一些币圈乱象。

然而，或许是“人靠衣装，币靠盒装”，如今越来越多的泉友不想再让自己的钱币继续“裸体”了，纷纷将其送评入盒，一时间盒子币蔚然成风。有时候，一枚钱币入了盒，评了高分，往往能卖出更高的价；

一枚盒子币级别高上一档次，价格会贵 1 倍、2 倍，甚至好几倍。比如某些造总、宣三银元，本来价值数千元，入 P 盒后可升值至上万元。

这些现象，都让泉友们近乎疯狂。于是乎，在利益的诱惑下，有的泉友把钱币入盒后嫌分数低，便砸了盒子，换家评级公司，想碰运气获个高分，或者利用托关系、找熟人等手段，以此获利，此类现象并非个别。由此，诸如人情币、关系币、自己币等种种奇葩盒子币纷纷应运而生。

在 P 盒的加持下，在国盒的推波助澜下，盒子币发展神速。如今，市面上的裸币越来越少，盒子币越来越多，特别是一些少、精、稀的钱币品种，大多已成为盒子币，盒子币大有覆盖一切、独领风骚之势。

钱币收藏，也不再是昔日的小众文玩，它正在逐步走向商业化、资本化、盈利化的道路。对此，盒子币"功不可没"。我们不妨拿银元做例子。截至 2022 年 7 月，光是 P 盒银元的市值已突破 100 亿元。如此傲人的数据，甚至超过了某 A 股快递公司，堪称具有历史里程碑意义的突破。由此可见其资本化速度之快、商业性炒作之疯狂。

但如果要问，盒子币与钱币评级究竟是好事还是坏事，答案恐怕众说纷纭。有些泉友会说这样不好，评级与盒子币的出现打破了玩钱币千百年来的传统，他们对此难以适应；也有些泉友会说这是好事，因为盒子币使新人玩钱币有了保障，老玩家经营钱币有了新方向，是大势所趋。

我认为，评价盒子币是好是坏，关键要看它会对未来钱币的收藏与经营带来怎样的影响。是正面的，还是负面的？如果单从目前来看，盒子币似乎并非坏事。越来越多盒子币的诞生，足以证明它是有市场、有经济效益、受到一定泉友支持的。如果要从长远看，那我觉得现在下定论恐怕为时过早，相信在将来，我们必然会得到一个答案。而且当今世界，信息技术更新快，或许以后又会有更新颖的方式出现，并逐步取代盒子币，这些都未可知。

最后，我希望泉友们在忙着送评、玩盒子币的同时，不要绝对地抱着"入盒即真，不入盒即假""一入盒子，万事大吉"的思想，不要过分依赖评级和购买盒子币。毕竟玩钱币，更重要的是要有眼力与水平，这才是真正属于自己的能力。

由于评级与盒子币的话题太大、太复杂，其中牵扯到的人员和利益太多，在此只能略说一下，点到即止，请勿见怪。

各位泉友，对于铺天盖地的盒子币，你们怎么看呢？

古钱币做的神奇玩意，你体验过吗？

我国历朝历代古钱币的形状特别，材质多样，能用它们做成一些神奇玩意，而毽子就是其中一种，下面就让我们来了解一下吧。

踢毽子，是我国流行的一项民俗体育活动，据说是由蹴鞠发展而来的。它起源于汉代，盛行于隋唐，至今已有上千年的历史，作为简便、有效的健身活动，一直受到人们欢迎，尤其是深受女孩们的喜爱。毽子又称“毽球”，是把羽毛插在圆形底座上制成的一种运动器具，一般分为花毽、毽球、大毽子等。

那么，毽子是如何制作的呢？其主要材料又是什么呢？

其实在古代，除了羽毛，钱币（铜钱为主）也是制作毽子的主要材料之一。通常用它来做底托（单枚或者数枚钱币），在上面打几个孔，再穿入一些羽毛，用布包紧缝合，就能做成一只不错的毽子（图 1），美观耐用，成本又低。当然，也有不在钱币上打孔，直接从穿孔处插入羽毛的做法。

图 1 古钱毽子

如今，某些泉友在整理和挑选批量古钱币时，会发现有的古钱币上被打了孔（图 2），它们很可能曾被用来做毽子。由于踢毽子是流传千年的活动，所以毽子上的钱币也涉及历朝历代，品种颇为丰富，有时甚至还会遇见大珍名品。

在钱币圈，就有一个关于“钱币与毽子”有趣故事。有一天，著名钱币收藏家戴葆庭在江西鄱阳一带寻觅古钱，看见一群小姑娘正在踢毽子。说时迟那时快，一个毽子刚好飞过来，猛地打在他脸上。戴葆庭捡起来一看，惊奇地发现毽子的底托是几枚古钱币，而其中有一枚钱币竟然是传说中的古泉大珍——大齐通宝（937—939年由南唐开国皇帝李弁所铸，由于该钱币铸造时间短，流通数量少，故格外珍稀难得，据说目前仅见4枚）。由于被用来做毽子底托，该钱币上面被打了4个孔，这便是古泉界赫赫有名的“四眼大齐”的来历（图3）。

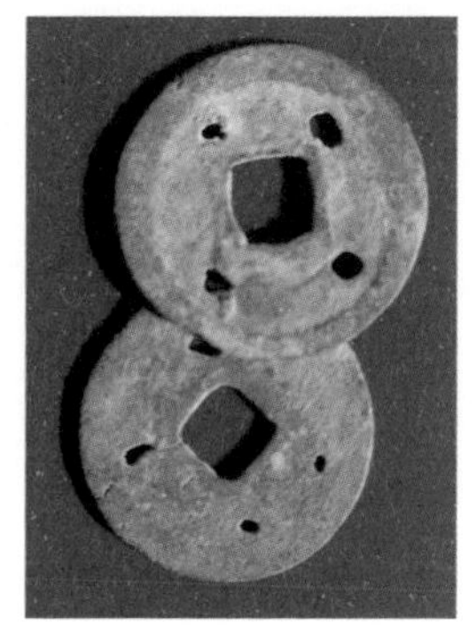

图2 打了孔的古钱币

对于这个故事的真实性，暂且不去考证。但我相信很多泉友小时候都踢过毽子，你们的毽子是不是用铜钱做的呢？如果是，快找出来看一下吧，说不定也会发现惊喜哦。

随着经济发展和生活水平提高，毽子做得越来越好，它们不仅材料精良，外观漂亮，踢起来弹性也更好。古钱币作为曾经做毽子的材料之一，早就退出了历史舞台，如今已很难见到这样的毽子了。或许只有我们爷爷奶奶那辈人才会保留古钱毽子这种老底子的东西吧。那可是难得的时代见证物，值得被珍藏与重视。

图3 四眼大齐通宝拓片

沾了“福气”的钱币，你知道多少？

“福”这个字在我国流传使用了上千年，它有富足、圆满、康乐之意，表达了一种挚诚、善意的祝愿，饱含世代人民对美好生活的憧憬。

古往今来，老百姓对“福”的向往与追求，造就了多姿多样承载着“福气”的器物，从古代的福字瓦当、花瓶、盆碗、墨盒、葫芦、纽扣帽花、丝绸锦缎等，到如今家门上贴的福字书法、福字压岁红包，以及各种福字吉祥物等，“福文化”已经融入生活的方方面面，不可分割。而这种愿景，在历朝历代的钱币上也得到了充分体现，在此我们不妨来盘点一下那些沾了“福气”的钱币。

唐朝会昌年间（841—845 年）铸造的开元通宝中就有背“福”字的品种（图 1），“福”表示纪地，即福建铸造，此币系该地区在历史上最早铸造的钱币。

五代十国闽王王审知铸造的铅质开元通宝的背面也带有“福”字，据说这可能是中国最早的铅质流通钱币。

图 1 会昌开元通宝背“福”

五代十国时期，河东节度使石敬瑭投靠契丹并献出燕云十六州，拜小他 12 岁的契丹王为义父。契丹帮他夺得后唐江山，他则做起儿皇帝，史称“后晋”。石敬瑭还自以为是上天赐福，便建元“天福”，于天福三年（938 年）铸造了天福元宝铜钱，该钱铸行时间短，文字欠工，传世不多。

西夏毅宗李谅祚为祈祷改变危机、福至降临，改元“福圣承道”，并铸造了西夏钱文福圣宝钱（图 2）。它作为西夏王朝的早期铸币，形制工整，面文旋读，光背无文，有数种版别，是西夏文钱币中的名誉品种之一。

图 2 西夏福圣宝钱

朱元璋称帝之后，铸造的大中通宝和洪武通宝中，有背面铸有各省局名的品种，如“北平”“豫”“济”“浙”“桂”等字，其中就包括“福”字的品种（图 3），表示它们是福建省铸造的。

图 3 洪武通宝背“十福”

在清代钱币中，顺治通宝、康熙通宝、乾隆通宝、嘉庆通宝、道光通宝、咸丰通宝、同治通宝、光绪通宝等，都铸造过带有汉文“福”或是满文“福”字的品种。比如，清康熙皇帝在位期间，社会政治稳定，经济发展较快，商品交换也很发达，因此康熙通宝一般铸造规整、文字美观，且铸量很大。在形形色色的康熙通宝中，有一种背满汉文的品种，如“东”“宣”“原”“云”“昌”等字，表示其铸地，其中就有“福”字（图 4）。福字又可分为大福、中福、小福等版别，它们一直深受广大钱币爱好者的喜爱。

又比如清咸丰三年（1853 年），为筹措军饷镇压太平天国起义军，清政府下令全国各地发行钞票，开铸大钱，以解燃眉之急。福建省一马当先，未征得清政府同意便开铸宝福局咸丰大钱，它们的背面钱文中都有一个满文“福”字。咸丰宝福局钱币材质优良、铸造精美、书法俊秀，钱型硕大厚重，不仅为全国数十处咸丰铸钱局中之魁首，甚至在中国历代货币长河中也前无古人、后无来者（图 5）。

图 4 康熙通宝背满汉文“福”

图 5 咸丰宝福局钱币一组图

虽说当时铸造这些钱币主要是为了表示铸地，并不是为祈福而专门铸造的，但由于它们上面有“福”字，沾了福建地名的光，所以人们总是怀着亲切感去流通、使用和收藏它们，也想沾点“福气”。

除了以上这些行用钱币，在一些宫钱和历代民俗花钱上也有诸多带有“福”字或祈福图案的钱币品种。比如，清代宝福局为了给皇帝庆寿，铸造了特殊的“福”字吉语钱币，存世数量不多，备受人们喜爱。而民间铸造的带“福”字的民俗钱币就更多了，如“福寿康宁”“福寿双全”“福寿长春”“福寿齐增”“福禄寿喜”（图 6）等，竟达上百种。还有一种百福百寿花钱，图文堪称奇特（图 7）。

图 6 福禄寿喜花钱

又如民俗“五福”花钱，上面铸有5只蝙蝠图案，因为“蝠”与“福”是同音字，所以铸有5只蝙蝠图案的钱币就有五福临门、多子多孙的寓意了。

图7 百福百寿花钱

1911年辛亥革命后，闽军政府发行了福建通宝圆形圆孔铜钱（图8），分一文、二文两种面值，这是我国历史上唯一以省名作为钱币名称的铜钱，颇具意义。

图8 福建通宝

除了古代钱币，我国近现代发行的银元、纸币等钱币上也常常可见“福”字。此外，越南、日本、朝鲜等国家在历史上也铸造过带有“福”字的钱币，这里就不赘述了。

我国历代铸造发行的带有“福”字的钱币，品种丰富、寓意吉祥，而且自带“福气”，反映了人们追求美好生活的愿望，满足了老百姓的精神需求。或许是因为收藏有“福”的钱币会给收藏者带来福气与好运，如今它们越来越受到广大泉友的喜爱与追捧，其收藏价值更是节节攀升。

新手玩钱币，囧事知多少

作为一只玩泉“老鸟”，我时常会听到一些新手的抱怨，说钱币圈水太深，让他们头昏目眩，摸不清门道。这里，不妨来讲几个他们遭遇的囧事吧。

一、听不懂行话

有一次，某位新手去市场买钱币，看上一枚古钱，是北宋宣和通宝小平某版别。一问价，卖家说：“原价 10 块，如果诚心要就 8 块拿去。”这位小哥还真是单纯，一听这价动心了，立马拿出 8 元人民币，要把它买下来，弄得卖家哭笑不得。

在此要科普一下，这位卖家说的是一句行话。所谓 8 块钱，其实指的是 800 元，不要弄错了。

所以说，当你去古玩市场或是地摊上买钱币，看上了某枚钱币，向卖家问价，如果对方开口说“1 块”，你千万别以为这枚钱币真的只要 1 块钱，那是一句行话而已，其实就是 100 元的意思。

同理，5 块就是 500 元，10 块就是 1000 元，至于 1 角、2 角，自然就是 10 元、20 元的意思了，按此算法，以此类推。这是大部分钱币市场多年来约定俗成的一种价格术语。

诸如此类钱币圈的行话还有很多，这些行话在全国各地的说法也会有差异，并且随着社会和经济的发展而有所变化。在钱币圈闯荡，不仅需要眼力与知识，还要听得懂行话，才能避免犯低级错误，不被贻笑大方。

二、分不清真假

某位玩钱“高人”，入行才没几年，自称拥有不少钱币顶级尖货，还自诩是与某某钱币大师不分轩轾的大收藏家。

有一天，他约我见面，说有几枚钱币孤品要让我见识见识。我一听有孤品欣赏，起初还有些受宠若惊，可是一看货，实在大跌眼镜。这些所谓孤品，大多数是赝品地摊货，仅剩的 2 枚钱币，东西虽是老的，但也被动过手脚，应该是用普通钱币改刻而成的珍稀品。出于好意，我实情相告。不料这位“高人”很固执，坚信自己的钱币是真货，是毫无争议的大珍名品。

有些人就是这样执着，他们整天守着一堆赝品、仿品、改刻品、修补品，做着自己海市蜃楼般的大珍梦。到底何时才能清醒，恐怕无人知晓。或许，真要带他们去那些钱币仿品制作大基地，目睹成批成批诞生的“西贝货”，他们才会醍醐灌顶吧。

三、识不破骗局

有位泉友入圈不久，在某地古玩街淘到一枚大清宣三银元，回去一对钱谱，发现是个珍稀版别，他欣喜若狂，以为自己捡了大漏，想出手变现一夜暴富。于是，他联系某拍卖公司，对方说要先交 2000 元鉴定费。交了钱后，对方又告知他，这枚银元经鉴定的确十分珍稀，价值高达 220 万元，可以委托他们公司去拍卖，只需交 0.5% 的手续费就行。泉友听后兴奋不已，以为距离财富自由不远了，便立马付了 11000 元。然而过了些日子，对方却说那枚钱币流拍了，但他们很“负责任”，可以委托另一家香港的公司拍卖，保证不会流拍，但需要再交 2 万元委托费。泉友很傻很天真，又交了钱，就这样钱越交越多，局越陷越深，钱币依然没有卖掉。其实，他这枚所谓的百万大珍，只是一枚新仿的地摊假货而已。

这位泉友一直天真地以为自己的宝贝能卖出天价，殊不知已陷入一个“套路拍”的骗局中，一次次交了智商税，却还在帮别人数钱，实在可怜又可悲。

如今互联网虽发达，但仍有许多人总是喜欢活在自己构建的世界里，看不到真相，又自命不凡，最终作茧自缚，沦为笑柄。诸如此类现象，不得不引起广大泉友的重视。

其实大多数钱币品种，只要东西开门，找正确渠道，卖合理价格，都是可以出手的。所以说，对自己的钱币有一个全面、正确、客观的认知非常重要，这对你的收藏与经营之路都大有裨益。

对于玩钱币，新手们碰到的囧事还有很多，比如买贵被套牢，错过好行情，普品当珍品，中别人套路，等等。只有多看、多练、多思考，不断提升自己的眼力、认知与经验，才能减少此类囧事的发生。

玩钱币，你还在犹豫什么？

如今，古玩艺术品收藏被认为是继房地产与股市之后的另一片新天地，钱币收藏品（图 1）作为其中一种，自然也备受宠爱，许多品种涨势喜人。它如同一匹黑马，收藏它逐渐成为人们最喜爱的投资方法之一。如今，越来越多的朋友加入此行列，都想从中获利，分一杯羹。

尽管玩钱币持续升温，但仍有不少朋友虽感兴趣，却始终在观望，没有真正涉足。既然如此喜欢，又为何望而却步呢？我简要地分析了一下，主要有以下几个因素。

图 1 各种钱币收藏品

一、档次不够

有些人一直认为玩钱币是官宦子弟、商贾名家、文人雅士的活动，是高规格、上档次的爱好，普通人没有资格玩。我觉得这纯属认识上的误区。玩钱币，本身就是一项群众性活动，天南地北、五湖四海的朋友，因为玩钱币的共同爱好聚在一起，互以“泉友”相称，探讨交流，孜孜以求，这便是一种缘分（图 2）。再说，钱币交流是平等互惠的，泉友之间并无高低贵贱之分，所以绝对不能看轻自己。

图 2 某古玩市场实拍

二、学识浅薄

不少人认为自己既不懂历史，又不识钱币，不具备玩钱币的基础条件，故难以涉足。他们往往觉得，不懂历史知识的人是无法涉足钱币收藏的。的确，如果你有一定的历史和钱币基础知识，能为玩钱币带来诸多方便；如果对此不了解，则可能会带来一些障碍，但这并非不可逾越。

玩钱币的过程，本身就是一种学习与求索。历代钱币知识浩如烟海，你不可能在玩钱币之前就全部学到手。几乎每个泉友都是在收藏实践中不断学习，从不懂到懂，逐步提高的。再说，如今钱币收藏类的图书、图谱、刊物、音像资料等十分丰富，网络更是空前发达，各类钱币信息可谓四通八达，一查就能找到，这给初学者提供了极大的方便。

三、资金欠缺

很多人认为收藏钱币是“用现代的钱买古代的钱”，是有钱人的爱好，是烧钱的游戏，必须要有丰厚的经济基础才行，一般工薪阶层根本无力承担。

玩钱币需要投入、需要花钱，这是实话。然而，收藏是个长期过程，资金的投入一般来说是阶段性的、分散的，而且每次投入多少，自己是能够掌控的（除非你想一口气吃成胖子，此类个例除外）。因此，只要根据自身的经济状况，有计划、有理性地量力而行，一般是能承受的。而且随着时间的流逝、知识的积累、藏品的丰富、水平的提升，到那时你就可以“有进有出，以藏养藏”，减轻资金上的压力。

四、眼力不济

由于新手们大多是零基础、零鉴定水平，所以对于钱币往往真假难辨。加之如今钱币仿品、赝品、臆造品等层出不穷，大有“道高一尺，魔高一丈”之感，有些赝品实在“药力”太强（在古玩行里，习惯把那些假货、赝品称为“药”，有人买了假货、赝品，上当受骗，被称为“吃药”），真假难辨，别说新手，连老藏家也难免会看走眼，也会上当交学费。

所以说，初学者如果真的感到困难，建议多看少买，也可以先买一些最常见的钱币入门品种，比如普品五铢、开元通宝、北宋小平、道光通宝、嘉庆通宝、乾隆通宝（图 3）等，毕竟这些钱币赝品少又便宜，可以当作样品来学习品鉴。只要多玩、多问、多看、多想，久而久之，眼力与鉴别水平自然会有所提升。

图 3 乾隆通宝

五、没有时间

大多数人认为自己平时要上班，养家糊口，忙里忙外，哪还有什么时间玩钱币，还是等退休以后再说吧。这理由看似充分，实则也是推辞。

诚然，收集、欣赏、研究、经营钱币，确实要花费一定的时间与精力，但我认为只要能处理好钱币与工作的关系、钱币与家庭的关系就可以了。在平时，要努力做好本职工作，并争取家人对你这项爱好的支持，不要顾此失彼，以至于产生不必要的矛盾。

正所谓，时间虽少，但挤挤还是有的。比如别人看电视、打扑克、搓麻将、玩游戏的时间，你利用起来玩钱币，有何不可？而且，收藏鉴赏钱币，同样也是一种放松心情、提升自我的好方法。

六、方向迷茫

历代钱币品种极多、版别复杂，这往往让新手毫无头绪、不知所措，以至于不少人盲目玩一阵后，便纷纷弃坑了。其实，玩钱币，一开始难以确定方向是很正常的，千万不要因此迷茫，甚至害怕退缩。

我们许多玩钱老手，都是从收集最基础的历代纲目钱币着手的。收集到一定阶段，钱币品种自然会有所侧重，再逐步转入某个方向的专题收藏，如咸丰大钱宝苏局系列（图 4）。至于具体选什么方向，这完全取决于你的个人爱好，毕竟每个泉友的情况不一样。但无论如何，选择的方向要切合实际，要考虑到自己精力、财力、知识水准、鉴定水平等综合因素，以及收集的来源渠道和难易度。相信只要“心中有爱、眼中有光”，就一定能找到适合自己的方向。

图 4 咸丰大钱宝苏局系列

除上述几种因素外，还存在其他因素，比如：钱币圈不断内卷，许多好钱币被沉淀，优质钱币资源被少数人掌控，大多数泉友很难买到心仪藏品；当下炒作盛行，各类“网红币”层出不穷，价格虚高；除钱币赝品外，修补、改刻、洗磨、加色等技术手段不断提高，那些“整容”后的钱币极具诱惑力与杀伤力。这些状况都会使新手们感到钱币圈处处是坑，时时会被坑，从而导致他们在玩泉路上望而生畏或踌躇不前。

玩钱币的乐趣在于长期的坚持、不懈的追求和永无止境的探索。我相信，方孔之中，自有一片新天地。

对几个常见的钱币认知误区的解析

我国钱币文化悠悠千载、博大精深，但圈外圈内的许多朋友在对钱币的认知上难免存在种种偏差和误解。

一、古钱都是从坟墓里挖出来的，阴气重，不吉利

目前，持有这种观点的人还不在少数，我不得不在此澄清一下。在古代，如果是那些达官贵人的墓葬，往往会放入一些贵重物品，比如金器、银器、珠宝、玉石等，因为这些东西相对值钱，而钱币在当时只不过是最常见的流通货币（俗称麻钱，也就是小平钱，图 1），可谓司空见惯，他们是看不上眼的，所以埋进去的一般很少，甚至一枚也没有。至于老百姓呢，他们大多数家境比较贫寒，而钱币就相当于当时的现金，普通人家当然舍不得一串串地扔进墓里去，要知道那等于是白白浪费了几百、几千，甚至上万元钱啊，如此损失无人愿意承担，所以也很难见到。

如果说在某墓葬中发现了一些钱币，那考古工作者往往会很开心，因为古钱币的历史传承是最清晰的，想要解读某个墓葬历史年代，瓷器不一定能，玉器不一定能，而一般来说钱币能。一旦在墓里发现了钱币，就不用耗费精力去研究和断代了，这对考古工作者来说省了不少事。

图 1 小平钱

说到这里大家或许要问，既

然墓里很少有钱币，那么大多数钱币是怎样被发现的呢？其实，主要还是靠传世、出水和窖藏出土等渠道。比如窖藏（图 2），在兵荒马乱的年月，古人会把装满钱币的罐子、坛子或箱子埋入地下，后来因病故、搬迁、遗忘等再也没有把钱币罐子挖出来，结果多年后才被发现。历年来，全国各地零零散散发现的窖藏钱币数量不少。比如 2010 年冬，在杭州西湖区紫金港路某工地曾发现了 1949 年以来该市最大规模的古钱币窖藏。

图 2 古代钱币窖藏

此外，历朝历代未入土的传世钱币也数量颇丰。比如清代，由于距离我们并不久远，所以其大部分铸币都属于传世品种。

所以说，绝大多数钱币并不是陪葬品，也不是从坟墓里挖出来的，它们大多数是金属材质，是帝王铸造的，又历经千百年，流经万人之手，可谓阳气充足。诸如那些阴气太重、不吉利之类的说法，只要我们提高了认知水平，这些误区也就不攻自破。

二、钱币年代越久远，肯定越值钱

之所以产生这种观点，大多是认知局限性造成的。我国历代钱币品种极多，每一种钱币的铸造量与存世量并不相同。比如，西汉武帝时期开始铸行的五铢钱，历经西汉、东汉、三国、两晋、南北朝、隋朝（图 3），直至唐朝初期才被开元通宝取代，前后流通了700余年，是我国历史上最长命的钱币。五铢钱虽距今上千年，但因铸量巨大，故价值并不高。目前，1枚普通五铢钱的市场价一般只有几元。

图3 五铢钱

再比如说，北宋距今已1000多年，但大部分北宋钱币铸造量很大。据统计，在北宋时期，光是铜钱的铸量每年就高达上百万贯。1949年以后，全国各地都有大量北宋钱币出土，其数量十分惊人。因为北宋钱币铸量实在太大，所以往往市场价低廉（稀少品种除外），如今许多泉友将普通北宋钱币戏称为“屌丝币”“宋丝丝”，想必就是这个原因吧。

反之某些钱币，比如元末农民起义钱、太平天国钱币（图4）等品种，它们的铸造年代虽不算太久远，但由于流通时间短、铸量少，其历史价值与收藏价值反而会比较高，它们的市场价格也会比那些普通五铢、开元通宝、北宋钱币要贵不少。还有一些品相精美、体型较大或是材质贵重的钱币，比如明清民俗镂空花钱（图5）、近代银元等品种，虽年代较近，但由于颜值高、个头大、材质好，招人喜爱，愿意购买收藏的人很多，

图4 太平天国钱币

所以价值往往也会比较高。

然而，很多新人和外行由于不了解历史，不知晓行情，便会产生钱币铸造年代越早就会越值钱的肤浅认知，其实这是有失偏颇的。

图 5 民俗镂空花钱

三、老祖宗留下的钱币，肯定价值连城

曾经有位朋友拿来 2 枚清代道光通宝铜钱，说是自己家里祖传的宝贝，问我是不是能值上万元。我一看，只不过是 2 枚最普通的道光小平钱（图 6），虽是真品，但字口不清、品相欠佳。我不想对他打击太大，于是便说了一句："东西是真的，能值个几十元吧（其实不值这个价）。"

图 6 道光通宝（普品）

不料，朋友听后非常生气，说它们是老祖宗的传家宝，距今有上百年历史，属于妥妥的文物老古董，怎么可能只值这点钱，还说我在故意忽悠他、欺骗他，没安什么好心。

像这样的情况，我已经遇到很多次了。其实，铜钱作为过去最普通、最常见、流通使用最广泛的"小麻钱"，老百姓家里祖辈们遗留下几枚（绝大多数是普通清钱、北宋钱）是很正常的（图 7），怎么可能会值上万、几万、几十万，甚至上百万元的天价呢？如果祖传钱币中含有某个大珍品种，那真的和彩票中头奖的概率一样，甚至更低。

但仍然有很多人，死活都不肯接受这个现实，一口咬定自己的“传家宝”价值连城。或许是因为他们不愿意心中那个一夜暴富的迷梦被现实无情地打破吧。

图 7 一串古钱币

在所谓的“传家宝”中，除了古钱，铜元（俗称铜板）也是最常见的，比如大清铜币、民国双旗币（图 8）等品种。相信不少家庭的祖辈们都会留下那么几枚，但它们绝大多数也不值钱，因为铜元本身年代较近，发行量和存世量又极大，它们的数量甚至可以用亿来计算。即便有稀少品种，也往往属于样币或是试铸币性质，流入民间普通家庭的可能性简直微乎其微。此外，某些老百姓家里可能还会有一些近代纸币，它们大多数也属于普通品种，发行量大，价值较低。

当然，有些人家或许会留下几枚袁大头银币（图 9）、孙中山银币、外国银元之类的，由于它们是银质的，价值会相对高一些，但也是有限的，距离发大财和暴富还是差远了。而且，以上所说的古钱、铜板、银元等钱币中，也会存在赝品、仿品（造假行为自古以来就有），我们不得不防。

图 8 民国双旗币

图 9 袁大头银币

不过，毕竟是自己老祖宗留下的钱币，在家族中有很高的地位与心理价值，把它们说成“传家宝”也是可以理解的。但如果想以此卖出天价，一夜暴富或实现财富自由，那不免有些异想天开、贻笑大方了。

四、钱币有价无市，永远卖不出去

前些天，有位圈外朋友获得一枚金代正隆元宝铜钱，网上一查，发现竟然可以卖上万元，于是他兴奋不已，到处售卖，结果始终卖不出去。美梦破灭，他心中愤愤不平，开始抱怨、指责别人。但殊不知他在网上看到的是“五笔正隆”（正字写法五笔，图 10），属稀少版别，故价值较高，而他那枚只是普品正隆而已，价格较低。诸如此类的情况还有很多，比如：明明是一枚普通的北宋淳化元宝，却以为和稀少版别缩水淳化（三点水写得较小，图 11）一样能卖高价；明明是一枚普通钱币，却以为是样钱、母钱；明明是常见的流铜现象，却以为它是背星、背月，甚至以为是绝版孤品、出谱品等。

图 10 正隆元宝五笔正

图 11 缩水淳化元宝

钱币这一概念含义广泛，包括古代铜钱、铁钱、金银币，近代铜元、银元、纸币、硬币，以及各类纪念币、纪念钞、外汇券、国库券、连体钞等。它们都属于钱币，往往有着稳定的群众基础。其实，在任何一个年代的钱币中，都有版别特异、数量稀少、价格昂贵的币种，在国内外拍卖会上也的确有不乏数十万、上百万，甚至上千万元成交的天价珍稀钱币。

比如在 2021 年岁末，一枚民国十五年张作霖戎装像陆海军大元帅纪念银币（图 12）以 2600 万元左右的天价成交，此枚“银元币王”轰动了整个钱币收藏圈。

又比如 2022 年 4 月在日本某场拍卖中，一枚咸丰元宝宝泉局当五百雕母（图 13）和一枚咸丰重宝宝福局当一百计重五两（图 14）分别以人民币约1180万元和约767万元成交，打破了古钱币成交价历史记录。

以上这些都是活生生的实例，足以证明钱币并非有价无市，只要是真品、好品、稀少品，就能卖出高价甚至天价。但如果你的认知不足、眼力不济、能力不够，再加上钱币又不好，是无法分辨清楚圈内种种真相的。

图12 张作霖头像银元

图13 咸丰元宝宝泉局当五百雕母

图14 咸丰重宝宝福局当一百计重五两

有些人并不懂钱币，心理预期又过高，结果钱币卖不出去，承受不了打击，便产生极端思想，认为所有钱币交易都是炒作，都是设局，都是骗人的，从而得出“钱币有价无市，永远都卖不出去”的结论。这不啻一个莫大的误区，希望诸君能正确理解，端正认识，提升眼力，加强实践，逐步从误区中走出来。

钱币，是用来投资，还是用来收藏

随着钱币出圈、资本介入、风口炒作、网商经营等现象的产生，并受其影响，越来越多的“发烧友”加入玩钱币的行列。

作为一只玩钱“老鸟”，很多人都问过我同一个问题：钱币，究竟是用来投资，还是用来收藏？那么，请允许我在此啰唆几句吧。

其实，收藏与投资，这两者既有共同点，又存在差别，它们看似相差不大，实则很有讲究。进一步厘清收藏与投资这两个概念，对广大钱币爱好者来说是大有裨益、百利无一害的。

首先，如果你只是收藏钱币，那么受市场价格波动的影响就相对较小。有些泉友喜欢收藏古泉珍稀名誉品种。但也有不少泉友，喜欢收藏某种专一的钱币主题，如半两（图 1）。集齐后通常也不会考虑变现，至

图 1 半两

少不会在短时间内变现。

举个简单例子，某泉友决心收集一套康熙通宝背满汉文二十局套钱（图 2），它们的背文汉字合起来为“同福临东江，宣原苏蓟昌，南河宁广浙，台桂陕云漳”。某天他终于收集齐全，此时一种赏心悦目、大功告成之感油然而生。在茶余饭后、闲暇之际，他总是反复把玩鉴赏。这位泉友追求的是灵魂的慰藉、心灵的满足，是一种自我陶醉的快感，恐怕并无出手变现、赚钱盈利的想法。

图 2 康熙通宝背满汉文二十局一套

然而，我认为绝大部分朋友玩钱币，都是希望它们能升值盈利，这也是推动钱币收藏的主动力之一，更是活跃市场、攀升价值的重要因素。因此，从某种角度来看，这样的想法也无可厚非。

其实，想投资钱币并非那么容易。你往往要选择有群众基础、比较热门、具有较大升值潜力的品种入手，同时还要综合考虑该品种存世量的多寡、市场需求程度如何，以及颜值（品相、锈色、铸工）的高低等诸多因素。入手之后，根据市场立刻出手或是等待一段时间后才出手，从而带来升值回报。所以说，作为一名投资者，往往会把有限的资金集中在某个或多个单一品种上，一旦价格或收益达到心理预期，就会出手获利。由此可见，收藏和投资在选择钱币种类与价格等方面，都是存在一些区别的。

同时，收藏与投资又存在必然的、不可分割的共性。

想必我们大多数泉友玩钱币，不可能一直“只进不出”或者“只出不进”。以藏养藏、有买有卖的泉友往往占大多数，他们的收藏与投资是同步进行的，用这种方式稳扎稳打、循序渐进，才能细水长流、积少成多。既然如此，何乐而不为呢？

正所谓世间万物，皆有联系。有不少泉商自己也是藏家，许多爱好者也都是投资者；长期的收藏也是投资，坚持投资也是收藏。这些概念并不矛盾。在大多数情况下，它们是相辅相成、和谐共生、相得益彰的。

总而言之，希望泉友们能认清收藏和投资的异同点，知道哪些是生意货，哪些是自藏品，哪些是潜力股，哪些是积压货，全都眼中有数、心中有底。这就要求平时练就眼力与认知，避开种种坑、药、误区、套路、机关、骗局等，逐步丰富收藏品种，明确投资方向，量力而行，持之以恒，以达到自己的追寻目标。两手都抓，两手都硬，就能真正走上钱币收藏与经营的成功之路。

玩钱币的十大误区

玩钱币，是一种高尚爱好，也是一种情操陶冶。不过，广大泉友在撸币追梦的同时，要避免进入以下十大误区。

一、法律意识淡薄

任何收藏行为，一定要遵纪守法，玩钱币也是如此，绝不能为了谋求暴利而有“擦边球收藏”的行为。正所谓玩火者必自焚，收藏活动一旦触犯了国家法律红线，那么接踵而来的不是收藏的快乐，而是法律的惩处，一旦酿成悲剧就无可挽回了。

二、倾囊以藏

作为钱币玩家，面对多姿多样、魅力无穷的历代古钱、银元、纸币等，很容易一时兴起。加上受大环境影响，玩家心浮气躁、急功近利，往往容易不惜代价，冲动消费，而到头来又后悔莫及。

为了避免此类尴尬事情发生，我们要保持理智，尽量不要让钱币收藏方面的支出超过自己的经济承受能力范围。那种倾家荡产搞收藏的赌徒心理往往风险莫测，是不可取的。

三、利字当头

玩钱币是一项长久投资，那种唯利是图的商贩式经营理念，很容易让我们失去收藏的初心与乐趣，转化为一种急功近利的行为，从而迷失自我。

四、只藏不学

有些泉友收集藏品颇为起劲，但到手以后，便很快对其失去兴致，甚至束之高阁，再也不予理睬。其实，我们在玩钱币的过程中应该力求藏学结合，用不断增长、丰富的知识储量，去推动玩钱币向纵深迈进。又藏又学，才能成为内行、专家。真正既有顶级藏品，又有精深研究，更有高尚泉德的人，毕竟是凤毛麟角，他们值得我们去仰视。

五、认知不够

不少泉友认为，玩钱币不用懂历史，也不用辨真伪，不需要具备一些基础条件，就能把钱币玩好。因为他们认为如今网络空前发达，随便一查便能找到各种钱币信息，只要有钱就能买到钱币，只要买盒子币就能保证是真品。

其实，这样的认知是不全面的。如果你有一定的历史与钱币知识，就能拥有诸多方便。玩钱币的过程，本身就是一个学习与求索的过程。历代钱币知识浩如烟海，每个泉友要在收藏实践中不断提高认知，从不懂到懂，再逐渐进步。相信随着时间流逝，你终将受益匪浅。

六、盲目玩钱

有些初入泉海者，收藏时缺乏条理，没有自己的收藏方向、目标和主藏领域，往往是遇到什么集什么，还容易被一些网红钱币、热销款式、暴涨品种所诱惑，结果换来一地鸡毛。所以说，泉友们选准一个或几个收藏的主攻方向、领域，往往更容易取得成果。

七、知假藏假

玩钱币的乐趣在于去伪存真，而今钱币收藏市场鱼龙混杂，一些泉友玩钱币知假而藏，不仅背离了收藏的宗旨，与高尚泉德背道而驰，还会因此蒙受一定经济损失。

八、重数量轻质量

一件珍罕的钱币藏品，其价格或升值空间往往高于一堆“通货钱”，因此我们不要片面地追求藏品数量，更要重视藏品质量。

九、赌徒心理

有些泉友觉得玩钱币是一种博弈，是一场赌局，于是喜欢买批量，开筒子，希望自己能狠狠地赢一把，赚个盆满钵满。结果却事与愿违，十赌九输。

我们玩钱币，不是只为了有利可图、一赌输赢。收藏，从某种意义上讲，就是收而藏之。因为热爱钱币，所以收藏它们、保护它们、了解它们、传承它们，这本身就是一种简单的快乐，难道不是吗？

十、保存不当

有些泉友一味地追求钱币藏品，却忽视了如何保存它们。其实，储存和保养钱币也是颇讲究技术的，如果没有掌握一定的知识与方法，就会使藏品受到人为伤害，轻者受损，重者毁掉。

此外，在钱币藏品的出圈、直播带货式经营的普及、新旧观念的交织、盒子币与评级公司的兴起等因素的共同催化下，泉友的心态、情绪和行动难免会受到影响，从而走入种种误区，在此就不逐一赘述了。

漫谈"牛币"与"虎币"

生肖纪念币，历来受广大泉友喜爱。第一轮生肖纪念币自 2003 年发行至 2014 年，共 12 枚；第二轮生肖纪念币从 2015 年生肖羊开始，到 2023 年已发行了 9 枚。相信许多泉友都兑换到了不少贺岁普通纪念币。在此和大家聊一下牛币和虎币。

一、牛币

首先来说一下牛币。牛，作为十二生肖之一，排行第二。它一直是忠厚勤劳的象征，也是人类的好助手，为我们默默耕耘、劳动，甚至献身。一代文豪鲁迅先生曾写下"横眉冷对千夫指，俯首甘为孺子牛"的名句，高度肯定了牛的可贵精神。

古往今来，就有一些与牛相关的钱币，比如在生肖八卦花钱（图 1）上，我们能见到牛的形象。长命富贵背犀牛望月花钱，背面图案就取材于"犀牛望月"的典故，带有翘首企盼吉祥美满的寓意。

民国时期，四川铸造过带有卧牛图背五叶二花的铜元，俗称"牛兰"（图 2）。另有一种洪武通宝花钱，其钱背有童子骑牧牛的图案，据说也是民国时期铸造的（图 3）。此外，世界上也有不少国家曾铸行带有"牛"的钱币。可见，牛的文字与形象一直活跃在历代各种钱币上。

图 1 生肖八卦花钱

图 2　牛兰铜元

图 3　洪武通宝背牧牛图案花钱

新中国成立以来，也发行过几种“牛”主题的纪念币：2008 年发行过一套己丑（牛年）金银纪念币，共 13 枚；2009 年发行了面值 1 元的牛年贺岁纪念币，该币铸工精良、图案生动，价格又较亲民，被广大泉友所认可与收藏。

2021 年牛年（辛丑）贺岁纪念币（图 4），系第二套贺岁生肖纪念币（俗称“二轮牛币”），面值 10 元，发行量为 1.5 亿枚，比上一年的鼠币整整少了 1 亿枚。其中，1.4 亿枚进行预约兑换，1000 万枚装帧销售。

该币铜合金材质，直径 27 毫米，正面有“10 元”、“中国人民银行”、汉语拼音“SHI YUAN”及年份“2021”字样，底纹衬以团花图案。背面主景图案为一只憨厚可爱的抬头牛，运用传统剪纸艺术与年画元素相结合的手法，刻画得栩栩如生，左侧有“辛丑”字样，右上方配以花灯与五谷图案，寓意五谷丰登、欢乐吉祥。

图 4　2021 年牛年（辛丑）贺岁纪念币

据说，此枚牛币发行后，不仅自身价值走高，也同时推动了其他“二轮生肖币”

的行情上涨。看来，牛币真的很牛！

2020 年 10 月，2021 年牛年金、银纪念币也按惯例发行（图 5）。该套纪念币共 15 枚，其中金质币 9 枚、银质币 6 枚，铸工精湛，色泽亮丽，均为我国法定货币。

图 5 2021 年牛年金、银纪念币（部分）

二、虎币

说完了牛币，我们再来说一下虎币。虎，作为十二生肖之一，排行第三。老虎是百兽之王，一直是正义、勇猛、威严的象征，自古以来就受到人们的崇拜，成为“四大神兽”（青龙、白虎、朱雀、玄武）之一，是老百姓喜爱的保护神。

经过漫长的历史演化与发展，崇拜老虎的文化意识已成为中华民族的一种共同观念。因此，古往今来有不少与虎相关的钱币，比如：早在西汉时期，某种权钱上就铸有老虎形象（图 6）；元代的至正通宝地支纪年钱中就有背铸八思巴文“寅”字的钱币（图 7），属于少见品种；在十二生肖花钱中，也有老虎的形象。此外，一些外国货币上也能看到虎的身影。

可见，虎的文字与形象一直活跃在历代各种钱币上。

新中国成立以来，也发行过几种“虎”主题的纪念币：2009 年发行过一套庚寅（虎年）金银纪念币，共 15 枚；2010 年发行了面值 1 元的虎年贺岁纪念币，其铸工较好、图案生动，价格又较亲民，也被广大泉友所认可与收藏。

图 6 带“虎”图案的钱币

图 7 至正通宝背“寅”

2022 年虎年（壬寅）贺岁纪念币（图 8），系第二套贺岁生肖纪念币（俗称“二轮虎币”），面值 10 元，发行量为 1.2 亿枚，比上一年的牛币整整少了 3000 万枚，预约难度增大不少，导致许多热门地区的虎币一发行就被抢光，情形十分火爆。

图 8 2022 年虎年（壬寅）贺岁纪念币

该虎币为铜合金材质，直径 27 毫米左右，正面有“10 元”、“中国人民银行”、汉语拼音“SHI YUAN”及年份“2022”字样，底纹衬以团花图案。背面主景图案为中国传统剪纸艺术与年画元素相结合的老虎形象，威风凛凛、神态生动。衬景图案为花灯和松枝、松果，币面左侧有“壬寅”字样。该币铸工精良、光泽熠熠，很吸引大家的眼球。

2021 年 11 月，2022 年虎年金、银纪念币也按惯例发行（图 9）。该套纪念币共 13 枚，其中金质币 8 枚、银质币 5 枚，铸工精湛，色泽亮丽，均为我国法定货币。

图 9 2022 年虎年金、银纪念币（部分）

此外，我国还陆续发行过一些生肖牛和虎的纪念章等衍生收藏品，在此就不逐一赘述。

以上这些形状各异、材质多样的牛币与虎币，是我国生肖文化与货币的良好结合，它们贴近生活，很接地气，既传承了中国生肖文化，又彰显了艺术魅力，一直受到大众青睐，具有一定的收藏价值与升值潜力。

你的长城壹圆硬币增值了多少？

万里长城一直是我们中华民族的骄傲与象征。它作为人类建筑史上罕见的古代军事防御工程，凝聚着祖先的血汗与智慧，可谓历史悠久、举世瞩目。

1980 年 4 月，中国人民银行发行了首版长城壹圆硬币（图 1），其材质为镍合金，直径 30 毫米，重 9 克左右。正面图案为蜿蜒曲折的万里长城，尽显永久旺盛的生命力，体现出中华民族悠久的历史文化与自强不息的精神。下方标有“壹圆”面值，表明它是法定可以流通的硬币。它的背面，铸有庄严的国徽及“中华人民共和国”“1980”字样。该币图文浑然一体，银光闪闪，十分养眼，拿在手中，也颇有质感。

图 1 1980 年版长城壹圆硬币

记得早在清末民初，就出现了带有万里长城图景的纸币（图 2）。新中国成立以来，又发行了印有万里长城图案的各类纸币，如 1949 年版紫红色“贰佰圆”（图 3），1980 年版、1990 年版和 1996 年版红色壹圆（图 4）等品种，但它们都是纸币，不是硬币。因此，1980 年版长城壹圆硬币，将长城用浮雕形式铸于金属材质的硬币上，打破了以往只在纸币上印有万里长城图案的传统，成为我国首枚万里长城流通硬币，具有很大的创新性。此款流通硬币，造型设计和制作水平都较为高超，它与 1980 年版的其他面值硬币装帧成一套人民币辅币。后来，中国人民银行又先后发行过长城壹圆流通硬币的

1981 年版、1982 年版、1983 年版、1984 年版、1985 年版和 1986 年版。其中 1982 年、1984 年、1986 年均未发行普通长城币，只是铸造了少量精制币，作为套装外销，并不在国内发行（1981 年版、1983 年版、1985 年版也有套装币）。当时，主要是为了进行国际交流，将它们作为礼品使用，故绝大部分都流向海外。泉友们想要收藏到这些品种的长城币，往往只能靠外销回流。它们的发行量本来就少，如今更是价值不菲，其中最为稀少、收藏价值最高的，当属 1986 年版的长城币，它铸工精湛、色泽纯正，又极为稀缺，是当之无愧的“币王”。

图 2 清末长城图案纸币

图 3 1949 年版人民币正面长城图案

图 4 1996 年版人民币背面长城图案

这些长城壹圆流通硬币，饱含着爱国主义情怀，对于“70后”“80后”的泉友来说，更是童年的美好回忆，它们伴随我们的成长，每次看着它们，就仿佛回到了自己的过往岁月，感觉格外亲切。

某位学者曾说过：“一个国家的货币，其实就是这个国家的名片。”自1980年始，万里长城被印在了硬币上，之后又铸行过带有万里长城图案的金、银、铜等材质的纪念币，如2002年发行的万里长城5元流通纪念币（图5）等。这些形形色色的长城币，对我国政治、经济、文化与旅游等方面的发展必将起到事半功倍的促进效果；同时，也将进一步让世界了解中国，让中国走向世界。

图5 2002年版万里长城5元流通纪念币

目前，1980年版长城壹圆硬币的市场价在200元左右，1981年版的在65元上下，1983年版的约300元，1985年版的约30元。1982年版、1984年版和1986年版的都属于精制币，价格在万元以上。

中外“千字文钱币”小谈

文字，可谓是钱币的灵魂，由于文字多姿多样、变幻无常，钱币也就各有不同。

《千字文》(图1)，是我国古代影响很大的儿童启蒙读物之一。它由南北朝时期梁朝散骑侍郎、给事中周兴嗣编纂，是由1000个汉字组成的韵文。全文为四字句，对仗工整、条理清晰、文采斐然，其语句雅俗共赏、独具魅力，传诵至今。

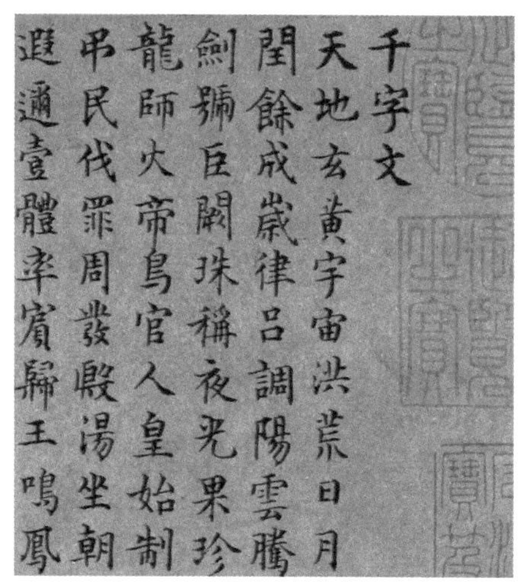

千字文
天地玄黃宇宙洪荒日月
閏餘成歲律呂調陽雲騰
劍號巨闕珠稱夜光果珍
龍師火帝鳥官人皇始制
弔民伐罪周發殷湯坐朝
遐邇壹體率賓歸王鳴鳳

图1 千字文(部分内容)

钱币是历史的见证、文化的载体。千字文这一独特文字形式，在中外钱币上也得到了良好体现。比如清代光绪通宝中就有千字文的品种(图2)，其一改清钱的固有模式，在钱币背面穿上铸有一个千字文，铸量不算少，但因其风格独特而受到广大泉友的青睐。常见的千字文光绪通宝，钱背上有取自《千字文》的“宇”“宙”“日”“列”“往”“来”6个文字（图3），宝泉、宝源两局各铸6种，一共12种。

图2 千字文光绪通宝正面

图3 千字文光绪通宝背面

其铸量相差不大，一般直径在20毫米左右，差不多与宣统通宝小平钱大小相仿，大致铸于光绪晚期。宝泉、宝源两局千字文钱版别较多，根据“通”字和满文“宝”的不同，可分为单点通、双点通、方头通、角头通、满文出头宝和不出头宝等数种，另有千字文母钱和雕母存世。而洋洋洒洒一篇千字文,为何只选取“宇”“宙”“日”“列”“往”“来”6个字铸刻于钱币上？对此泉界说法不一，有待进一步考证。

无独有偶，朝鲜铸造的常平通宝中，也有不少千字文品种（图4）。常平通宝是朝鲜王朝中后期（17—19世纪）的主要钱币，铸行时间长达

200 多年，是朝鲜代表性古钱币之一。

图 4 千字文常平通宝

千字文常平通宝的铸造时间比千字文光绪通宝要早很多年，而且使用的千字文有 40 多个字，与光绪通宝相比，可谓有过之而无不及。常平通宝铸造时间长，流通面广，其品种、版式十分浩繁，然而在如今市场上能见到的并不多。千字文常平通宝颇有个性，有一套常平通宝背铸“天地玄黄，宇宙洪荒，日月盈昃，辰宿列张，寒来暑往，秋收冬藏”24 字，既蕴含历史文化韵味，又具有很高的研究价值。

那么，在常平通宝上为何会出现千字文呢？据说这与千字文编号法有关。在我国古代,有一种千字文编号法,就是以千字文的顺序作为档案、账目、资料等编号分类的方法。比如，孔府的档案便是按照千字文开头的“天地玄黄，宇宙洪荒”8 个字划分为 8 类的。而常平通宝上的千字文大概也是出于这方面的考虑吧。当然，这只是一种推测罢了。

我国汉字文化博大精深、影响深远。朝鲜常平通宝模仿中国古钱铸造，并铸有千字文字样品种，就是一个实证。同时，它也对我国古钱的发展产生了推动作用，丰富了品种样式。千字文让古钱币变得更加意义隽永，古钱币让千字文变得更加生动鲜活，两者可谓相得益彰，不啻中朝两国历史文化交融和发展的一个缩影与见证。

也许，在浩瀚泉海中，除了光绪通宝和常平通宝，还存在其他千字文钱币，等待我们去探索与发现。

玩钱币，不再是一件小事

玩钱币，是一件小事吗？

若是以前，这或许真的是件小事，因为很多人只是纯收藏，买入藏品以后就一直存放着，往往不会仔细关注其历史背景与文化元素，也不会产生一系列的经济循环。那时，钱币只是古玩收藏中的冷门小类，玩钱币是不起眼的活动，是小儿科的把戏，远不及收藏邮票、瓷器、字画等热门品类有前途。然而，随着文化的重视、市场的繁荣、时代的更新，一切都改变了。

近些年，随着国家对股票、楼市、基金的各种调控与限制，老百姓依靠股票、房产投资来实现财富自由的难度似乎已越来越大，风险更是无法预测。于是乎，那些手中有大量闲置资金的人便开始想方设法寻求投资新出路。在利益效应的带动下，一部分资金进入了钱币收藏品市场。

时至今日，仍然有不少人觉得钱币收藏是个小市场，交易量也很低，根本无足轻重，即使没有这个行业，也不会影响国家整体经济。然而，事实真的如此吗？让我们来看一个活生生的例子吧。

2022 年 4 月，在日本某场拍卖中，一枚咸丰元宝宝泉局当五百雕母和一枚咸丰重宝宝福局当一百计重五两，分别以人民币约 1180 万元和 767 万元成交，打破了古钱币成交价历史记录。此消息立即轰动了整个钱币收藏市场，国内外收藏者、经营者、爱好者兴奋不已，对钱币收藏市场的前景信心满满。

如今，钱币收藏市场每年的交易额早已突破了千亿元，而且还在不断增长中，说不定在不久的将来能超过万亿元。如此规模庞大、如此效益显著、如此日新月异，钱币还只是一个小市场吗？玩钱币还只是一件小事吗?

早在 2017 年，全国政协委员张建国就曾提出关于“增加钱币文化在中小学历史教学中比重”的提案。2021 年，张建国委员再度提出“钱币提案”，希望广大学子通过学习钱币知识，了解历史与文化，增强爱国主义教育，增强民族自信心。

之后，在对“两会”提案的落实中，国家加强了中小学教材里钱币知识的修订和补充，在大学里开设相关课程，普及祖国钱币传统文化。同时，国家在教育频道制作专题栏目《钱币与王朝》《钱币中国》向公众科普，以进一步弘扬中华文明，传播钱币文化。

钱币，是中国古代文化的重要载体和历史实物见证（图 1）。它们不同于一般物品，是社会重大变革或重要事件的产物和象征，承载和涵盖了历史进程中几乎全部的文化信息，这是任何其他文化，如文学艺术、科技发明等不能替代的。钱币，是一个国家对外的重要名片，对传播国家文化软实力，有着不可取代的作用和意义。

图 1 历代钱币

当今，文化要大发展、大繁荣，文化建设提升到了国家战略高度。因此，积极倡导钱币文化研究、普及钱币知识，显得尤为重要。我们每一位泉友，作为中华文明的传承人，应该尽自己的绵薄之力，将祖国钱币文化传承与发扬光大。

因为，玩钱币，已不再是一件小事！

第二章

捡漏，堪称玩钱币第一快事。

于是乎，地摊、鬼市、老宅、古城墙、工地、湖边、河畔等场所，都留下了我们辛勤的捡漏足迹。多年来，我们总是为捡漏到一枚五铢或是康熙通宝而沾沾自喜。偶尔运气好一点，还能够捡漏到一枚龙凤通宝或是靖康元宝。

可即便这样，又能如何呢？我们之中的绝大多数，仍然像懵懂无知的小孩一般，只关乎眼前利益的得失，对于不远处浩瀚的泉学真理海洋，却全然没有发现。

有一种幸福，叫当年的漏（一）

捡漏，也叫“搂薄儿”，是古玩界流传已久的一句行话，指用低价购买到物超所值的藏品。我们这些混迹于钱币圈的泉友，在多年捡漏实战中（图 1），往往都会有这样的感慨：

几十年前，大漏不难遇到，中漏、小漏遍地开花；

十几年前，大漏虽少，但中漏、小漏时有出现；

三五年前，大漏、中漏很难遇见，小漏勉强还有。

可如今，随着货源日渐减少，泉友数量剧增，几乎无漏可捡。面对这一残酷现实，大家不禁纷纷疑惑：莫非大、中、小漏真的都已成为传说?

图 1 在古玩地摊淘宝

若果真如此，那不妨让我们回忆一下当年的捡漏故事，也算一种欣慰吧。对于那些传得神乎其神、玄之又玄的巨漏、大漏，在此就不多讲了，我还是从一些小漏说起，毕竟这样更真实可靠一些。

20 世纪末，泉友马儿常去当地古玩市场淘钱币。市场不大，其中有一家风格朴拙的小店，卖的东西以古陶瓷为主，也包括玉器、木雕、字画、杂件等，偶尔有些钱币。马儿经常光顾那里，乐此不疲。

我认为去卖陶瓷的店买钱币是马儿的高明之处。因为若是去钱币专营店买钱币，老板肯定懂行，你想要买到价廉物美的钱币，或是捡到漏，可能性几乎为零。然而，你若是去卖古玉、卖陶瓷、卖杂件之类的店淘钱币，那些老板对钱币不一定懂，容易看走眼甚至根本不识货，这便容易给买家慧眼识珠的机会，于是也就有了捡漏的无限可能。

有一次，马儿在陶瓷店里看到几枚明朝万历通宝，便问价。老板说："10 元一枚。"要知道，万历这价格，在当时算是非常高的。他有些失望，没有买。

过些日子，怀着碰运气的心态他又来了，发现除了那几枚万历通宝，旁边竟然多了一枚隆庆通宝，它字口正，包浆美，可能是新收来的。虽有些惊喜，但他心想：这老板连万历都要卖 10 元，这枚隆庆不要上百，也要大几十吧？

没想到，老板说："一样的啊，都是 10 元。"

"这明显是个漏啊！"马儿压抑住心中激动，故作平静地说，"哦，这样啊，那就要了吧。"

于是，他生命中第一枚隆庆通宝就这样轻松到手了。其实隆庆通宝在当时只是比较少见，并不像现在一样，是炙手可热的古泉名誉品。接着，隔三岔五地，他都会去光顾，看看有没有新的隆庆通宝出现，只要它一现身，就立马出手买下。

就这样，他以 10 元的价格，买到了第二枚、第三枚、第 N 枚。有时一次获得一枚，有时一次能获得两三枚，反正有多少隆庆通宝出现，他就买多少。

此外，马儿又通过各种渠道，购藏到一枚又一枚的隆庆通宝，价格普遍都不贵。日积月累，他逐渐囤下数十枚隆庆通宝，且大多数品相都不赖，有的生坑美锈（图 2），有的传世黄亮（图 3），有的水坑金壳，有的五彩斑斓，将它们堆在一起，甚是赏心悦目、"锈"色可餐，看得泉友们眼馋无比、羡慕万分。

近年来，古泉行情蒸蒸日上，价格节节高攀。隆庆通宝，系明穆宗朱载垕于 1570 年左右铸行的钱币，其文字端正、铜质厚重、铸工精美，传说是当时朝廷发官俸之用钱，故制作尤精。它是明朝代表钱币之一，更是当年明穆宗“隆庆开关”（对外通商往来）的重要历史见证。由于海外贸易发展，大量白银流入，自此开启了我国的白银货币化之路。朱载垕在位时间仅 5 年多，故隆庆通宝铸行时间甚短，据说铸造量仅有 2 万贯，也就是 2000 万枚左右，其数量远远小于如今发行的某些纪念币。加上数百年的流通、磨损、回收、重铸等种种因素，所剩的越来越少。隆庆通宝作为明代十帝钱之一，是广大泉友收藏明钱绕不过的纲目品种。

图 2 生坑隆庆通宝　　图 3 传世隆庆通宝

以上这些与生俱来的优势，使隆庆通宝一跃成为大热卖钱币品种，价格几度飙升。目前，一枚普品隆庆通宝市场价已达上千元，而品相姣好者、极品者价格更是高达数千元、上万元，甚至数万元，真可谓今非昔比。

于是，泉友马儿抓住此风口，顺利出售一部分隆庆通宝，获得可观收益。看来，只要钱币玩对了，捡漏捡到了，那么它既能带来精神愉悦，又能带来经济收益。

闲暇之时，马儿把玩着自己的宝贝隆庆们，乐呵呵地笑着感慨道：“原来，有一种幸福，叫当年的漏！”

有一种幸福，叫当年的漏（二）

一般来说，古玩行业每年都会经历夏天的萧条期，业内通常把它称为“歇夏”。泉友昊哥在当地古玩市场有个小店面，平时卖些古钱、银元、纸币、瓷器、杂件等东西（图1）。

记得那年夏天，气温暴热，歇夏自然也来得格外早，而且特别“生猛”。中午时分，偌大的市场没几个客人，能做成生意的，更寥寥无几。

图1 古玩小店

“外面天热得要命，店里冷清得要死。”昊哥抱怨着，可怜他已经两个多月既没生意，又无漏可捡了。只见他紧皱眉头，双眼似在神游，嘴里叼着烟，一口口“吧唧吧唧”地抽得更凶了。

不料此时进来一位女士，风姿绰约，笑容可掬。昊哥一见她，瞌睡立马醒了一半，以为生意来了，满脸都是惊喜。然而，女子不是买家，她是来卖货的。有货上门，昊哥也是欢迎的。只见女子取出一个大布包并将其打开，里面有好几个小布包。

他一瞧，第一个包里是若干枚清钱；第二个包里是一叠袁大头壹圆银币，都属于通货品种；第三个包里有一些民国纸币和老版人民币，但没啥稀罕种类。

昊哥心想，这些东西虽不稀奇，但都是开门货，便开口问女子货怎么卖。女子说自己不太懂行情，要昊哥开价。昊哥便按当时的市面收购价和她说了。女子觉得昊哥开价并不低，挺开心的。突然，她似乎记起了什么，又摸出一个小布包。昊哥一看，是一些铜元和袁大头中圆，中圆有好几十枚，品相都不赖。他眼前一亮，心想："这可比壹圆大头要值钱多了啊。"

说到这里，有必要和大家科普一下。

其实，决定一枚钱币价值的，往往有多种因素，并不是它的个头越大，价值就越高。比如袁大头银币，一般可分为壹圆、中圆、两角、壹角4种面值。其中，按普品来说，壹圆的体型重量是最大的，但它的市场价不如中圆（图2）。

那么，什么是袁大头中圆呢？其实，就是我们现在常说的伍角，通常2枚中圆可以兑换1枚壹圆银币。因为当时还没有伍角这样的说法，所以人们就称它为"中圆"（图3）。

图2 袁大头中圆与壹圆（背面）

图3 袁大头中圆（正面）

目前，袁大头中圆仅发现民国三年（1914年）这一品种。如果我们在平时遇到其他年份的袁大头中圆，那很可能是仿品。由于中圆数量少，其市场价比一般的袁大头银元主币要高出不少。如今，品相好、成色佳的中圆市场价一般在万元以上，甚至更高。

这批中圆，看得昊哥眼馋，他刚要开价，不料女子主动开口："老板，这些小号的袁大头，能和大的卖一样价吗？"她说这话时，好像有一点没底气。

这一问，刚好戳中了昊哥的敏感神经。"是个好机会啊！"他暗暗得意，"虽说并非什么天大的漏，但毕竟人家送上门来的，不捡白不捡。"

"行行行！没问题！"昊哥急忙满口答应，用普品袁大头壹圆的价格收购了这一批好品中圆。

“谢谢老板！”女子拿了钱，心满意足地走了。

看着她婀娜的背影渐行渐远，昊哥心中美滋滋地想：“这回，占了人家的便宜。”

很快，昊哥抛掉那批中圆，猛赚了一笔。于是，他再也不抽什么闷烟了，畅快地喝起小酒、唱起小曲来，真是开心得不得了。

正所谓“一年不开张，开张吃一年”。或许这是古玩行司空见惯的情况，昊哥只是其中一个缩影而已。谁说生意场上“只有买错，没有卖错”？既然有人能买漏，自然也有人会卖漏。唉，那些古玩老哥做起生意来，那真叫一个“坏”啊。

有一种幸福，叫当年的漏（三）

古玩江湖，总是变幻无常、风云莫测。

正所谓“莫笑少年江湖梦，谁不年少梦江湖”。在江湖中混，相信许多朋友都铲过地皮，这行当不仅需要眼力、胆识与口才，而且很多时候要靠天吃饭——运气。因为能不能收到真货好货，要碰运气；能不能找到买家，要碰运气；能不能卖出好价，更要碰运气。

古玩个体户赵哥长年走南闯北、走街串巷，充当地皮铲子的角色，时日一久，便在江湖上得了个诨名“铲铲”。这里讲述一下他的铲地皮捡漏往事。

一次，他去外地铲地皮，无奈运气一直不佳，虽收了点东西，但连续数天没卖出去一件。时间一天天过去，身上没啥钱了，但他觉得回家又不甘心，于是决定再撑几天，想出掉点货。结果仍没生意，实在饿得前胸贴后背了，他只好找个地方去打零工。

铲铲平时只懂铲地皮，没什么其他技能，只好找点体力活干，于是来到一家洗车店，当起洗车工。干活前他终于吃上那几天来的第一顿饱饭，几个简单的菜，用辣椒下饭，竟然一连吃光好几碗，这恐怕只有饿过肚子的人才能理解，那真叫一个爽啊。接下来的日子虽说辛苦，好在店家每天包吃住，干活数日，他终于有了点小钱。

一日刚下班，铲铲又累又饿，正想去吃饭，老板却叫住他和其他几个没回去的工友。他一愣，以为要加班，没想到老板说：“我的办公室要装修翻新，里面有些旧东西，必须要清理掉，你们帮忙搬一下吧。”铲铲便跟老板来到办公室，一看杂物还真挺多，胡乱堆在一起。他和工友开始一件件搬运，搬着搬着，他发现角落处有个小香炉，积满灰尘，里面全是古钱（图1）。

“这个也不要了吗？”他问老板。

“这玩意放那儿很多年了，现在要装修成欧式风格，它已经不搭了。你找个收旧货的卖了吧。”老板说。

图1 香炉与古钱币（参考）

铲铲一听要贱卖，赶紧粗略看了一下，大多是唐开元和北宋小平钱，但包含几个筒子，说不定里面有好货呢。他便斗胆问道：“老板，这点破铜疙瘩，如果卖给收旧货的也换不了几个钱，要不您卖给我吧。”

“也行啊，反正没什么用了，连钱币带炉子，你都拿去吧。”老板倒也爽快。

于是，铲铲出了个便宜价，全都买了下来，当然这价比起收废品的价要高一些。他搬完东西后，就捧着一香炉古钱兴冲冲地回到住处。

由于刚才在老板面前，不方便细看，回到住处后他开始一枚枚查验，发现真的几乎都是北宋普品，以及少量常见的五铢、开元通宝，并无稀少种类。他不甘心，又把那几个筒子砸开，但也没遇到一枚好钱。

钱币没啥指望了，铲铲很失望，只好悻悻然把玩起香炉来。一瞧这炉子，它包浆纯正，铜质杠杠的，翻过来炉底还有落款，那几个字笔意很棒，感觉像是清晚期风格。其实，做古玩生意的，一般都有触类旁通的本事。铲铲平时虽以买卖钱币为主业，但遇到其他物件，一些基本判别能力还是有的。但毕竟他对香炉不精通，无法确定它值多少钱。

回去之后，铲铲把钱币放在家中供奉起来（图2），又怀着碰运气的想法，给几个同行看了一下香炉，不料有位老哥立马出4000元向他买这个炉子。

铲铲心想：这厮平时鬼精鬼精的，现在却如此大方，看来这香炉八成不止这个价，便没有卖。

果然不出所料，不到半个月就有位老板看上这个香炉，竟然出价3

万多元，这价让铲铲无法拒绝，便开心地把它卖了。

“哈，这回是真的捡漏了，还好上次没卖掉它。”当时铲铲感觉棒极了，暗自庆幸。

然而世事难料，又过了些时日，铲铲遇到某位朋友，他对铲铲说：“你上次卖出的那个香炉，又被卖掉了。”

铲铲一听，感觉不妙，便问了句：“哦，卖了多少价？”

“20 万元啊。”朋友答道。

这真是五雷轰顶！要知道，当时的 20 万元真的属于巨款了。虽然铲铲做好了心理准备，但还是被这个价格震撼到了，心中久久不能平复，但一切已覆水难收。

图 2 堆积的古钱

这些捡漏经历告诉大家：其一，漏无处不有，不要只顾着淘钱币，而忽略了其他的漏；其二，人生变化无常，铲地皮也是如此，当计划 A 失效的时候，你随时要有计划 B 拿出手，才能无往不利；其三，对于自己不太懂的东西，没有确定的把握，不要轻易卖掉，否则会被别人捡漏；其四，同样一件东西，你卖得便宜，别人却能卖高价，这说明他的认知、他的本事、他的人脉等比你强，你没必要眼红，更不用懊悔；其五，古玩这行，捡漏与被捡漏，属于家常便饭，要做到不羡慕谁、不嘲笑谁，知足常乐，和气生财，才是王道。

钱币鬼市，爱你没商量

鬼市，自古有之。

唐代《番禺杂记》中记载道："海边时有鬼市，半夜而合，鸡鸣而散。人与交易，多得异物。"又见古语云："凡作骨董之业，吾杭人目之为鬼，以其将赝作真，化贱为贵，而又依权附势，必凭借乎贵人。盖以鬼蜮之谋，行其鬼狐之技者也。"

上述记载告诉我们，鬼市在我国一直有着悠久历史与神秘色彩。而时至今日，在某些地方仍有鬼市的踪迹可寻。

鬼市，又被称为"天光墟"（半夜开始运作，天亮之前结束的特殊集市）。随着收藏热不断升温，它吸引了越来越多的藏友。"有事没事，蹚蹚鬼市"，已成为藏友们的一句口头禅。至于为何称为"蹚"，而不是"逛"或"玩"，是因为鬼市神秘离奇又风险莫测，去鬼市并非只是玩耍、闲逛那么简单，没有一定的决心与勇气，是不会贸然尝试的。加之鬼市中鱼龙混杂，故又有蹚浑水的意思。通常能在鬼市中捡大漏的人，要么是个棒槌，要么是位高手。

鬼市卖的东西很多很杂，有文玩字画、瓷器杂件、老式家具、古旧书籍等各种物件，当然也少不了历代古钱、铜板、银元等钱币品种（图 1）。作为老物件的一种，钱币是鬼市中的常客，我们时常能见到，它们通常被掺杂在其他物件中一起售卖。当然也有专门买卖钱币的鬼市，但为数不多，我就亲身经历过。

图 1 鬼市杂件

一、钱币鬼市，是一块试金石

前来鬼市淘钱币的人，没有社会地位、身份、财产等方面的高低贵贱之分，只有眼力上的差距。如果你眼力过人，能辨假识真，那你就是老大，就是受人尊敬的爷。

于是乎，那些高高在上的达官显贵、亿万资产的土豪大款、满腹经纶的教授学者等，只要一迈入鬼市，面对诡异离奇的气场、真假难辨的宝贝们，身上的光环便不再起作用了，平时的清高、傲慢、骄横、自命不凡也都纷纷消失，变成了一名普通的淘宝者。

我曾目睹一名当地某公司领导，自从在鬼市淘钱币几次踩坑、买假买贵后，完全没了领导架子，心甘情愿跟在眼力比他好的两个年轻人后面，谦虚求教问题，即使沦为小跟班也不在乎。鬼市就是一块试金石，你的眼力是好是坏，一试便知。

二、钱币鬼市，是一片欲望海

“月黑风高夜，鬼市淘宝人；若想捡大漏，来蹚天光墟。”无数泉友蹚钱币鬼市，是抱着捡漏发大财、一夜暴富的想法，希望以此改变人生。

然而到头来，有的人得不偿失，有的人倾家荡产，沦为笑柄。这样活生生的例子不在少数。

虽然确实有人在钱币鬼市捡到漏，并发家致富，但毕竟只占少数，我们绝大部分人恐怕没有这个命，就像买彩票能中大奖的概率很低，都是一个道理。

所以说，依靠蹚鬼市捡漏来致富的办法，是不可取的。

三、钱币鬼市，是一个销金窟

和其他鬼市一样，钱币鬼市是名副其实的销金窟，即便你家境殷实，坐拥亿万资产，当你进入这个销金窟，无数奇珍古泉、金币银元任你东买西买，如果开销不能及时控制，很快你便会囊中羞涩、捉襟见肘。因此，平稳心态、理性投资，才是久长之计。

四、钱币鬼市，是一处磨炼地

我认为，几乎没有人能在短时间里摸透鬼市，里面的运作手段、江湖规矩、暗语、门道、技巧、套路等，实在太多、太玄乎。如果不是老江湖，根本玩不转，而且就算是老手，也难免会阴沟里翻船。

首先，半夜三更人的精神与身体状况本来就欠佳，很容易犯迷糊。然而，在鬼市看东西靠手电筒、放大镜，由于光线不佳，很容易看走眼。就拿古钱来说，包浆被手电光线一照，就可能失真（图 2）。结果呢，把真品看成赝品，把仿品当作开门货，这样的情况比比皆是。

其次，鬼市的卖家都是些古灵精怪、能说会道的人，也包括一些盗墓贼、小偷扒手之流，如果你是老实人，心肠又软，那很容易被他们忽悠，上当受骗。加上那种月黑风高、遍地是宝、神奇诡异的氛围，足以让人产生飘飘然的幻觉，导致不切实际行为的发生。

既然鬼市如此危险，我们怎样才能把它玩转呢？

其实说难也不难，恒心毅力很重要，鬼市淘宝，久经沙场，身经百战，方得始终。比如前文提到的铲哥，他没什么正规工作，除了爱玩钱币，还是一名资深的鬼市淘宝人。由于铲哥长年铲地皮、蹚鬼市，体内生物钟已严重紊乱，甚至颠倒了过来，但他对此全然不顾。毕竟自己喜欢干，

图 2 鬼市钱币

加上捡漏的魅力无法阻挡，为此熬夜通宵也毫无怨言。

起初，铲哥在鬼市买钱币也吃过亏，栽过跟头，但他没有放弃，通过一次次、一年年的磨炼，终于造就了火眼金睛，如今已捡了好几次大漏，收获了靖康通宝、南宋母钱、咸丰当千等名誉古泉，以及一批颇为对路的文玩杂件，让大家羡慕不已。

所以说，那些看似不起波澜的日复一日、年复一年，一定会在某一天让你看到坚持的意义。

五、钱币鬼市，爱你没商量

随着经济发展和城市建设的推进，鬼市已经越来越难见到了，它只有在某个时间、某个地点会零星般短暂出现。然而，对于迷恋淘宝和捡漏的发烧友来说，鬼市一直是他们心中神圣的应许之地、寻梦之所。他们中有的为去过一次鬼市而自豪，有的因从未去过鬼市而羞愧难当，可见它的地位与重要性。

回想起来，我蹚鬼市的经历并不算多，但几乎每一次都记忆犹新。想当年我在鬼市买的大咸丰仿品，到现在还留着舍不得扔掉。蹚鬼市，无论是捡漏还是踩坑，惊喜还是失望，庆幸还是懊悔，都会成为一种人生阅历与收获，因为那种心灵的兴奋与震撼是无法替代的。

终有一天你会明白，有没有捡漏，有没有收获，有没有吃亏，其实都不重要。真正重要的，是那些宝贵的经历与磨炼、有趣的故事与回忆，它们会让你成长，使你成熟，并伴你回味一生。

玩钱币：你的直觉灵验吗？

玩钱币，或许真的需要一些天赋与直觉。

一

如今，钱币造假已进入“极仿品时代”，一些用高科技手段制造的钱币早已告别“地摊假”，达到了乱真境界。比如，在高科技的加持下，房梁包浆、枣壳包浆、田坑铁锈、红斑绿锈、传世黄亮等状态的古钱币，大部分能制造出来（图 1）。有些极仿品，连边道的自然流通磕碰、背面的穿口移范特征，包括岁月的痕迹、历史的沧桑感，全都能模仿得逼真。而机制币也是如此，有一套精密仿制机器及技术流程，并严格按照真币金属含量配比来铸造，制作出来的钱币甚至能轻松骗过圈内专家和评级公司的眼睛。

图 1 高仿古钱币

如此严峻的形势下，泉友们纷纷交学费打眼，栽跟头受骗。看来，如果没有一点天赋与直觉，似乎已无法安心玩钱币了。

那么，什么是所谓的直觉呢？

比如一枚钱币，虽说它在外形、文字、铸工、锈迹、声音、重量等方面都没有发现作假的破绽与痕迹，但是你感觉似乎哪里有点儿不舒服、不自然、不对劲，它总在隐约间透着那么一点“妖气”。于是，你提醒自己这枚钱币存疑，可能是仿品，这便是钱币鉴定方面的特殊直觉。

二

当下，捡大漏几乎成为传说，泉友们只有通过捡小漏来聊以慰藉。钱币最常见的小漏就是玩版，特别是宋钱（图 2）。光辉灿烂的两宋文明，孕育出多姿多彩的书法艺术，这在钱币上得到了充分体现。

图 2 北宋御书钱币崇宁通宝

宋代钱币版别繁多，玩过宋钱的泉友都知道，它们的小版太多，一不小心就会卖漏，但同样也能捡到漏。

然而，捡版别的漏并非那么容易，这也需要天赋。某位年轻泉友擅长分辨宋钱版别，成功捡到不少漏，如淳化缩水、东坡元丰、宣和美制、政和遒劲版（图 3）等名誉品，他全都手到擒来，简直如有神助。泉友们十分羡慕，纷纷问他有什么诀窍。

图 3 政和通宝遒劲版

他谦虚地说："其实，我也没那么神，只是眼睛尖一点，善于发现罢了。比如在挑选时，感觉某枚钱币透着一点与众不同的小灵气，但当时我还不能完全确定它是一枚稀少版，只是凭着直觉把它买了下来，回去一查钱谱，才知道确实是个少见版。”

就这样，他一次次发现了自己的小确幸，这或许就是直觉的魅力。

三

不仅鉴定钱币、捡漏钱币需要直觉，经营钱币同样也需要天赋和直觉。

泉商小江平时爱动脑子，他在经营钱币的同时，喜欢不断总结和思考，并时刻关注市场行情与动态。几年前，他凭借敏锐的商业直觉与市场洞察力及时调整经营方向，把老银元作为自己的主要投资品种。

当时，老银元还没大涨，小江果断大量入手，又采用盒子币和 PCGS 评级路线，最终获得了不菲成绩。如今，他的生意日益兴隆，赚得盆满钵满，成为本地名气响当当的银元大咖之一，泉友们羡慕不已。即使当下银元有些微调、微降，也无法撼动他的地位与实力。这样的经营天赋与直觉，值得我们去学习。

可见，玩钱币若想成功，就必须把握趋势，运用直觉，不断调整自己，向良性轨道发展和壮大。

有位名人说过：凡是想要学习跟艺术沾边的东西，就得要天赋。历代钱币，属于文化艺术收藏品。玩钱币，也是玩一种艺术，想要把它玩好、玩溜、玩出彩，同样需要一定的天赋。

因为有时候，正确的选择比努力更重要。比如，如果你让一条鱼去爬树，那么这条鱼会永远认为自己是一个傻瓜。同理，我们的收藏之路和钱币人生也是如此。

美丽小岛屿，美丽南宋钱

初春，一个阳光极盛的上午，我受泉友之邀来到东极岛。东极岛素有“海上丽江”之称，它被大海包围，风光旖旎，气候宜人，渔村古朴自然，商业化程度低。曾几何时，韩寒的电影《后会无期》着实让它火了一把。

顾不上游玩，我先来到泉友家，闲聊几句后，他便大方地拿出藏品让我欣赏。本以为他住在这样偏远的小岛上没什么钱币资源，渠道又少，藏品应该平平，没想到却让我大吃一惊。

泉友的藏品涵盖了历朝历代钱币，其中以宋钱居多，除了那些让人眼馋的崇宁通宝和大观通宝（图 1）美品外，还包括大量品相精美、种类繁多的南宋钱币（图 2），据说都是当地出土或发现的。它们有大有小，有的光背，有的背铸纪年，有的甚至可能是样钱或母钱。它们大多色彩斑斓、坑口极佳，让人爱不释手。通过这些保存完好、“锈”色可餐的南宋钱币，可谓看尽了南宋昔日繁华，大饱眼福。此次视觉盛宴简直可以用“饕餮”两字来形容。

不少玩宋钱的泉友在集藏过程中都会发现南宋钱数量较少，收集有一定难度。往往出土一批宋代钱币，98% 都是北宋钱，只有 1%—2% 是南宋钱。造成这种情况的原因是什么呢？在此，我们不妨简单思考一下。

1127 年，赵构在应天府（今河南商丘）即位，改元建炎，重建宋朝，史称“南宋”。南宋共有九帝，历时 150 多年。

由于偏安江南一隅，缺乏铜源，因此南宋铜钱的铸量远少于北宋铜钱。加上南方多雨、气候潮湿，它们普遍保存较差，被腐蚀者较多。虽然南宋铸钱规模及数量远逊于北宋，但南宋钱币采用了纪年、纪地、纪值、纪范、纪炉次等钱币背文形式，并广铸铁钱，可谓多种多样、独具特色。

图 1 大观通宝

图 2 各类南宋钱币

宋孝宗于 1180 年铸行的淳熙元宝背“柒”铜钱，系目前全世界最早的纪年钱币，可谓开了钱币纪年的先河，比欧洲早了 300 多年，具有跨时代意义。

通常，南宋钱币以折二钱数量居多（图 3），小平钱反而较少。此外，南宋时期铸有少量大钱，比如庆元通宝、嘉泰通宝折三、端平通宝（图 4）、重宝折五、嘉熙重宝折五、建炎重宝折十、嘉定元宝折十、淳祐通宝当百等品种，甚至还有难得一见的大宋通宝当拾、建炎元宝、临安府行用铜质钱牌等古泉大珍。另有金铤、银铤、金叶子、银叶子等各类贵金属货币，以及纸币“会子”等。

图3 南宋折二钱币大宋元宝

图4 南宋端平通宝

丰富多彩、自成一派的南宋钱币，是我们玩泉人的视觉盛宴与精神享受。我和泉友玩泉、品茗、畅聊，不知不觉间，半天已过，至于此地为何会有如此多状态好、品相佳的南宋钱币，请容我回去慢慢分析研究吧。

走出泉友家，我独自踱步海边，欣赏着无敌海景，阳光、碧波、岛礁、海味，这一切让人迷醉。不经意间，我从口袋里取出几枚泉友惠让的南宋钱币，随意摆放在礁石上，让它们晒晒太阳。只见，朱砂结晶锈泛着闪亮却不刺眼的光泽，让我一阵晕眩。

蓝天碧海，白云苍狗，大自然如此美丽神奇，我的思绪开始神游起来：眼前这几枚古钱，虽历经数百上千年，但与这苍茫浩瀚的大自然相比，依然显得如此渺小，更不用说我们人类区区几十年短暂的生命了。

那么，我们玩钱币的意义究竟是什么？

是积攒盈千累万的藏品？

是收获万人瞩目的名珍？

是风口之上的盈利快感？

是著书立说的成功愉悦？

或许都不是，人生若白驹过隙，稍纵即逝，唯有快乐，仅此而已。此刻，海浪有节律地拍打着礁石，微风吹来带着海味的空气，不远处民居里传出犬吠声。

我的耳边，隐隐响起熟悉的旋律：

Why does my heart go on beating?

Why do these eyes of mine cry?

Don’t they know it’s the end of the world?

It ended when you said goodbye.

南宋淳熙通宝背“春十五”铜钱赏析

淳熙通宝，系南宋孝宗赵昚淳熙年间（1174—1189 年）铸币，有小平、折二、折三等样式，以折二钱居多。钱文书法有楷书、篆书等，可分直读和旋读。其背面，一般纪监名，如背“同”（舒州同安监）、背“春”（蕲州蕲春监），并兼纪年，版别众多。

在实际的集藏过程中，泉友们会发现淳熙通宝一般都是铁钱，铜钱十分罕见。数年前，我有幸在普通南宋钱币中捡漏到一枚铜质淳熙通宝（图 1），该钱折二样式，背穿上纪监名“春”（蕲州蕲春监），穿下纪年“十五”（淳熙十五年），钱文楷书，制作工整，字口欠深峻，应该非母钱。观其形制和钱文特征与同种铁钱基本相同，可能系当时的样钱，或是铁范铜钱（用铁钱范浇铸出的铜钱，用来试验铁范）。

图 1 铜质淳熙通宝

为何淳熙通宝铁钱居多，而铜钱甚罕呢？这是因为它的铸行有着特殊的时代背景。

南宋系北宋灭亡后皇室南迁建立的政权。由于偏安江南一隅，缺乏铜材，故铸造钱币的数量和种类远不如北宋。到了孝宗时期，宋金达成“隆兴和议”，南宋朝廷财政困难，军费开支巨大，经济状况混乱，铜源更加匮乏。为了改变这种现状，朝廷决定利用两淮一带富产铁矿资源的优势，就地置钱监（如设立舒州同安监、蕲州蕲春监等钱监），大量鼓铸铁钱。《宋史·食货志·钱币》记载，当时孝宗“诏舒、蕲铸铁钱，并增五万贯，以‘淳熙通宝’为文”。于是，淳熙通宝铁钱便大批量诞生。

铸行铁钱，本小利丰，为大力推行铁钱的流通使用范围，孝宗下令“江南钱不得至江北，违者治于罪”，在江北（如两淮地区）禁止流通使用铜钱，把铜钱输送到南部地区使用。这样就在南宋北部形成了一个广阔的铜钱隔离区域，在该区域内只允许流通铁钱和纸币，以此来应对钱荒问题。同时，铁钱的铸造与流通，也在一定程度上催化了纸币的诞生。

南宋政府在一些地区强制推行铁钱、不准使用铜钱的另一目的，是让铁钱区连成一片长条状区域，以尽量减少相对贵重的铜钱、铜器等流入与其相接壤的金、西夏等敌对政权。这样的钱币分区流通使用，是前朝所没有的，是人为造成的，是我国钱币史上一个很独特的现象。

如上所述，淳熙通宝就是在当时的铜钱隔离区内专门铸造使用的铁钱，所以铜钱稀少，一般作为铁母、样钱或是铁范铜之用。

南宋铁钱屡有发现，如 1984 年江苏高邮出土的各类南宋铁钱，数量很是巨大。特别是淳熙铁钱，品种之多、成套性之强，可谓奇观。

在历年出土的淳熙通宝铁钱中也偶有铜钱发现，但数量凤毛麟角。该类铜钱，目前已发现多个品种。可以说，每一枚都是具有较高历史价值和艺术收藏价值的钱币，有待我们去进一步探究。

一枚“讲故事”换来的母钱

仲夏的台北天气，总是说变就变。

记得那天阳光明媚，我正独自走在被行道树拥抱的静谧街区，突然太阳打了个哆嗦，很快躲进云层里不再露面。紧接着，豆大雨点倾泻而下，让人措手不及。我没带伞，只好狼狈地寻找临时避雨所，跑了几步，看见不远处有家咖啡店，便急忙一头钻了进去。

店内，留声机流淌出雷光夏的柔和曲调，整个空间都氤氲着文艺气息，使人沉醉。找个临窗的沙发坐下，我发现这是一处沉浸式咖啡体验店。

店里有两个年轻姑娘，一个在吧台认真地做着咖啡，另一个当侍者，负责招待客人。她俩看起来像两姐妹，好像是这家店的主人。那位侍者姑娘见我入座，便笑盈盈走来，问我想点什么咖啡。

“嗯，一杯拿铁吧。”我说，“听说这是台北人最爱喝的咖啡。”

“是的呢，请您稍等。”她用嗲声嗲气的台北腔对我说。

等咖啡的时间，我东看西看，发现店里陈设很多，而且有些古怪，除了摆放着台湾当地生活气息的东西外，竟还有不少古早的物件，它们有的属于二奢和中古，有的则不是。看着看着，一件物品猛然吸引了我的眼球。那是一个小巧的荷包，它工艺别致、造型朴拙，感觉有些年代了。最神奇的是，它的吊坠上竟然有枚古钱币！

那是一枚十分漂亮的郑成功篆书永历通宝。它诱人的色泽、迷人的颜值、曼妙的身姿，简直让我如痴如醉。

“这个怎么卖啊？”我好奇地问。

“先生，对不起，咖啡是我们店里唯一能用钱买到的东西，至于其他这些，只能以物易物。”姑娘不好意思地说。

“啊，以物易物？好古老、好奇怪的方式啊！”我感觉穿越时空，回到了古时候。

“对呢，也就是用差不多等价的东西来交换，这样才行。”

“可是我没带什么物品啊，多出点钱，可以吗？”

“这个真的不行，以物易物，是我们店里最有个性、最有特色的项目，不能打破这个规则，实在抱歉。”

“好吧。”虽心有不甘，但我只好放弃，因为明天一大早我就要坐飞机回杭州，应该没有机会再来这里以物换物了，看来自己和这枚钱币的缘分不足啊。我颇为失望，怅然若失地喝起咖啡来。

拿铁很是香浓，奶泡与咖啡油脂交接出美丽色泽，让人晕眩。正神游之际，我耳畔竟飘起阵阵歌声。转头一看，原来是一位客人在店里唱歌，唱得情真意切，还即兴跳了一段舞，他的表演赢得了大家的掌声，还得到了咖啡馆里他想要的那本限量版签名书。

“原来这样也可以啊。这是一种非物质性的价值，既然能换来物品，那我不妨也试试，也唱歌跳舞。”我很是惊讶。

可是，唱歌并非自己擅长，如果一不小心走调岂不笑死人，跳舞那就更不行了，估计客人们都要被我吓跑。正犯愁之际，一个想法突然在我脑海里闪现。

“请问我可以讲个故事吗？关于这枚钱币背后的故事。”

“当然啦，欢迎欢迎。”姑娘开心地拍起小手。

于是，我鼓起勇气开始娓娓道来：“大家请看，这枚钱币叫永历通宝（图 1）。永历是南明桂王朱由榔的年号，其钱币文字一般是楷书，然而这枚却是篆书，可见它的来历不一般。它是民族英雄郑成功在 1651 年委托日本长崎藩以及在福建开炉铸造的。郑成功为了表达反清复明的政治立场，将自己的钱币也称为‘永历通宝’，当时他铸造了文字为行书、篆书的永历通宝折二面值钱币（图 2），而这枚就是其中的篆书。它们铜质良好、书法俊秀，主要流通于我国东南沿海一带，这是因为……”

图 1 南明永历通宝

图 2 郑成功永历通宝行书、篆书

我越讲越起劲，两姐妹听得很入神，整个咖啡馆的客人也都在倾听。

“郑成功原名郑森，出生在日本，他的父亲是中国人，母亲是日本人。他的永历通宝反映了明末清初之际中国与日本之间那段微妙的关系，记录了郑成功反清复明的大业，它们前后流通使用 30 多年之久，是那段特殊历史的见证物。”不知不觉，我讲了近半小时，赢得了大家一次次掌声。

“故事讲得太精彩了，我们真的长知识了，谢谢。先生，荷包和钱币都是你的了。”姐妹俩高兴地对我说。

“这真不好意思啊，我只是讲了个故事而已。”于是，我没有要荷包，尽管从上面的岁月痕迹看它也是个老货，但我只要了那枚钱币。

“看得出来，你是一位能够真正爱它、了解它的人，所以你比我们任何人都更有资格拥有它。”姐姐微笑着说。

我感激不尽，急忙又点了一杯焦糖玛奇朵，还有芝士蛋糕和手指泡芙，以表谢意。

走出咖啡店，天色已晚，雨也终于停了，优雅的行道树拥抱着夜色弥漫的街区，城市显得越发迷人。香醇的咖啡、美味的甜点、好客的女孩、意外的收获，以及大家“不谈客观的金额，只在乎彼此对等的价值共识”的特殊思维方式，这一切都给我留下了深刻记忆。

通过此番台北之行，我也悟出了些许新的人生真谛，关于梦想，关于热爱，关于温情，关于心中的价值……

此后，我再没有机会光顾两姐妹的咖啡店，听说它越来越出名，成为一处散发着城市人文情趣的雅集地，许多人被吸引于此，品尝咖啡，寻找、交换彼此的心爱之物。

至于那枚钱币，后来经鉴定竟然是一枚永历通宝篆书折二母钱，这不啻为一个莫大惊喜。说实话，当时我并没把它当成母钱，虽说它文字犀利、地章平整、穿口光滑、背廓规矩，但我只是觉得精致漂亮，心生喜爱而已。而如今的结果，恰好印证了我当时眼光的正确。

虽然后来由于身份与工作的关系，我不能再去台北了，但永历通宝一直伴随在我身边，每当欣赏把玩它时，那些往日记忆又浮现在我眼前，弥漫起温馨与感怀。

“唐头”银元的精彩逆袭之路

近年来，随着钱币出圈，新人猛增，越来越多的朋友喜欢关注和收藏钱币，特别是各类老银元，更是备受青睐，成为“宠儿”。

如果要问老银元上面铸有哪些人物头像，相信大家想到最多的一定是袁世凯（袁大头）和孙中山（孙小头）。

其实，答案远远不止这两种，还有民国时期的各类军阀头像银币，它们被称为“军阀币”。黎元洪、曹锟、段祺瑞、徐世昌、褚玉璞等人都铸行过带有头像的银币。这些军阀币，往往铸造精美，而且不少品种发行量少、价格昂贵。

在各类军阀币中，还有一种唐继尧头像银币，简称“唐头”，一般有正面像（唐正）和侧面像（唐侧）之分（图1）。其中“唐正”算是普通品种，想当年几乎人人都买得起，被誉为“最亲民的军阀币”。

图1 唐继尧头像银元

有一个泉友，名叫小熠，年龄四十好几，在年轻的泉友眼里已是一名大叔了，但在年轻时，他与“唐头”银元有过一段不解之缘。

20多年前，他还是个小伙子，没结婚，也不交女友，想法古怪，性格叛逆，不愿听从父母的话留在杭州发展，独自去了四川成都，一心想闯荡一番。但是，理想很丰满，但现实往往很骨感。他在那边混了些时日，没干出什么名堂来，于是干脆辞了职，到处瞎逛。

一日无聊，走着走着，他就来到送仙桥，那里距离杜甫草堂很近，有个古玩艺术城，似乎在当地颇有名气。

从小就好古的他便开始淘起宝来。古玩城地方虽不大，但风格古色古香，地摊、店铺里东西很多很杂，各种珠子、串子一大把，什么摆台、花瓶、木雕、石头、笔墨纸砚等杂件到处都是，看得初来乍到的他有些晕了。

逛了几处摊位和小店，他发现有卖银元的，其中一种银币上铸有某个人物头像，是个光头，但看长相不像是袁世凯。那么，这个人物到底是谁呢？他一问卖家，才知道这人物是军阀唐继尧，这枚银元则是军阀唐继尧正面头像银币。

此币的由来，有必要了解一下。

唐继尧（1883—1927 年），字蓂赓，汉族，云南会泽人，滇军创始人与领导者，滇系军阀首领。在护国战争中，他与蔡锷联合宣布云南独立，任中华民国护国军总司令。1915 年 12 月，袁世凯宣布恢复帝制，唐继尧、蔡锷、李烈钧等强烈反对，武力讨袁。1916 年 5 月，军务院在广东成立，唐继尧任抚军长，与袁世凯政府对峙，拥护共和。

唐头银币，便在这种历史背景下诞生了！

该币正面为唐继尧头像，上书“军务院抚军长唐”字样。背面是铁血十八星旗和民国五色旗交叉图案，上书“拥护共和纪念”，下书“库平三钱六分”（即面值伍角），直径 33 毫米，重 13.4 克左右（图 2）。

小熠瞅着这“唐头”，铸工精细，别有韵味，一问价格，才 15 元一枚，便来了兴致，立马买了 2 枚。随后在送仙桥，他东搜西罗，又发现不少“唐头”。但他心中不免疑惑，这唐继尧是云南军阀，而成都属于四川，为什么“唐头”在此地如此之多？

图 2 唐继尧正面像银元

当时他顾不得多想，既然便宜，见到就收呗。当然，也有一些大头、龙洋等其他品种（图 3），包括北洋、造总、宣三等，但一般都要上百元，当时的他买不起，觉得还是“唐头”实在，十几元就能搞定，适合他这样的草根玩家。

图 3 银元一组

可没想到，收“唐头”会上瘾。过了几天，他在春熙路旁某个小巷子里又买到几枚“唐头”，又在宽窄巷子附近的旮旯弄堂里收获了数枚，单价都只有十来元。此外，他还发现了几枚“唐侧”(图 4)，数量少、价格高，虽是喜欢，却没有买。

图 4 唐继尧侧面像银元

有一次，他又路过送仙桥，看到一位瘦大娘坐在路边，面前摊着一张旧报纸，上面放着一只搪瓷碗。他有些好奇，过去一看，碗里全是“唐头”，大部分成色还不错，便蹲下身仔细瞧。

“小伙子，我家里人病了，急着用钱，看你是个好人，这些银元都便宜给你吧。”大娘对他说。

别看小熠平时个性强，心肠却软，本来只想挑几枚玩玩，但大娘这么一说，觉得她挺可怜，一下子没了拒绝的勇气。结果，百来枚“唐头”打了个折，全买了下来。

这刚一买，还没回到住处，他就后悔了。因为积蓄差不多被花光了，以后日子可怎么办。“唉，这下可好，我买‘唐头’买吐了。”他开始担心焦虑。

更倒霉的是，没过两天，他竟然感冒了，咳嗽得很厉害，不停地咳，好几次咳得肚子都抽筋了。想买点药吃，但口袋里已经没钱，他只能忍痛捂着肚子，熬一天是一天。

“早知道不买这么多‘唐头’了，想买药都没钱。如今搞得这么艰难，我真是后悔极了。”于是，小熠只好退了双林巷里的简陋小出租房，无奈地回到杭州，结果又被父母狠狠数落了一番，之后就只能每天上班下班，装老实了。

就这样，一年又一年，“唐头”陪伴着他走过春夏秋冬。可是，作为面值伍角的地方性辅币（通常把面值壹圆的银币作为主币），“唐头”银元一直是收藏中的冷门品种，进入 21 世纪以后它也仍然不温不火。前些年，他曾在某些钱币网站卖过“唐头”，但销路并不好，索性就一直放着，直到如今。

近两年，老银元涨势喜人，“唐头”作为代表性军阀银币之一，更是成为一匹黑马，价格不断飙升。记得 2015 年，好品“唐头”只有 500 元左右，2018 年涨到了约 800 元，如今价格更是翻了数倍。相比其他军阀币，“唐正”涨得最快，也是近几年内涨幅最大的银元品种。对此，许多泉友高呼看不懂。

于是小熠手痒了，拿了一些“唐头”送去评级，没想到单价均在数千元，有几枚甚至高达上万元，个别原味美品价格更高。

看来，“唐头”的春天终于到了！

“唐头”评了分，入了盒，从十几元到数千元、上万元，这笔投资绝对比存银行的利息高。看着这笔数目可观的财富，小熠不禁感慨，这真是一次漂亮的咸鱼翻身、逆袭之路，太值得了。但同时，他也喜忧参半：喜的是“唐头”大涨了；忧的是恐怕以后买不到价格实惠的“唐头”了。

如今的送仙桥，再也寻不到那么多“唐头”了。在小熠年轻时，并不觉得当时有多么快乐。可时隔多年后再回想起来，不禁感慨那段岁月真是神仙般洒脱的日子，可惜再也回不去了。在成都街头收“唐头”已成为他永远的回忆。

最后告诉大家一个秘密，小熠为什么买那么多“唐头”，其实还有个重要原因，那就是——他也姓唐。

美女手中的新疆银元

新疆，一个美丽神秘的地方。10 多年前，我和朋友有幸去到那里。在喀纳斯办完正事，听说附近的巴扎很有名，自然要去溜达溜达。

“巴扎”（Bazaar），系当地语言，意为集市、农贸市场，卖的东西很多。其实，新疆很多地方都有巴扎，比如乌鲁木齐大巴扎就名声在外。不过，作为文玩发烧友，去大巴扎反而淘不到好东西，倒是在某些偏僻地方的小巴扎上捡漏的可能性更大。

“去巴扎逛逛，怎么样？听说有不少老物件，说不定能捡到漏呢。”我对朋友说。

这哥们平时也爱淘宝，但这回他死活不肯去，嚷嚷着要去看新疆舞蹈。我没辙了，只好当独行侠，一路奔走来到巴扎。一看附近建筑，民族风格浓郁，市场规模不大，东西却挺多挺杂，怪不得被称为“巴扎”。

我性子一向急，径直去找有古玩的摊位。找来找去，发现了几个摊位，但东西不吸引我。我又走到一个摊位前，摊主竟是一名年轻的新疆女子，大眼睛，高鼻梁，高挑身材，美丽动人，她把卖的东西放在一辆小推车上，其中包括一些钱币。本以为和这位新疆美女肯定难以沟通，不料她一开口便是流利的汉语，这让我心生好感，距离一下子拉近了。

“有好点的钱币吗？”我直入主题。

她朝我一笑，拿出一些钱币，其中有一枚顺治通宝背“天下太平”，这正是我感兴趣的品种。我急忙一瞧，它黑包浆，字口正，挺厚实，看着喜欢。

“你好眼力啊，这枚可是好东西，傻开门！”美女说道。

“这枚我要了，还有别的吗？”我问。

“当然了！”美女大眼睛一眨，立马又取出好货，对我说，“快瞧，五代乾亨通宝、辽国大安通宝，古泉名品，存世稀少，都是一眼货！”

我看得眼馋，又立马秒杀。接连选了几枚心仪钱币后，我付了钱，转身想离开。但不知为何，我有些恋恋不舍，心想：“既然这里的东西都这么正，我就这么走了，岂不可惜？”

“还有别的吗？”怀着能发现其他宝贝的期望，我又问了她一句。

“都在这里了，自己看吧。”她嫣然一笑。

我瞪大眼睛寻找，发现小摊角落处还有一坨钱币，看样子像是银元。

“让我看看？”我问。

“行。”她一边答应，一边取出几枚，放在手里给我瞧。

这几枚银元在美女手中显得格外好看。于是，我兴致勃勃地一枚枚细看起来。原来，这些全是新疆1949年壹圆银币，共有20来枚。

那时的我不怎么玩银元，而且是第一次见到新疆银元（图1）。只见，它正面写着汉字“壹圆”“新疆省造币厂铸”“民国卅八年”的字样，配有嘉禾图案，背面有阿拉伯数字“1”、维吾尔文，以及纪年“1949”。

图1 新疆1949年壹圆银币

其实，这些新疆银元长得并非一模一样，包含好几个版别。但当时的我哪懂这么多，看它们长相都差不多，就懒得区分了。看着看着，某位老师的话在我耳畔回响起来：“你要记住啊，凡是在重大历史事件时间节点铸行的钱币，一定要格外留意和重视！”

“1949年，好时间，大事件！对，不能放过。来一趟新疆不容易，要不就‘一枪打’吧？”我暗下决心。

“美女，便宜点，全要了。”我说。

美女一听我全要，笑容更灿烂了，她以优惠价给了我。

回到旅社，朋友对我说：“唉，你没去可惜了，那些新疆姑娘跳起舞可真好看。”

我说：“有啥稀罕的，我在巴扎不仅看到了新疆美女，还收获了银元，羡慕吧？”

朋友一看我的收获，大吃一惊。看着他羡慕嫉妒的表情，我心里更加嘚瑟了。于是，朋友赌气不理我了，转身大睡起来，一会儿便鼾声如雷，好像是在故意报复我。

可没想到，我嘚瑟过头了。第二天，我越看顺治天下太平及乾亨、大安通宝等古钱越不顺眼。回到家后，我实在放心不下，便拿去鉴定，结果让我很伤心，它们要么是高仿币，要么是套圈钱（用普通真钱加工而成的“珍品”），只有那些新疆银元是开门货。

我不禁倒吸一口凉气：“这美女套路深啊！”不过幸好我买了这批新疆银元，不然就白白交了学费。

后来，对于新疆1949年壹圆银币，我有了一些了解。1949年9月新疆和平解放，为安定民心、维护经济社会稳定，人民政府同意继续铸造、流通新疆银币。新疆壹圆银币由新疆造币厂铸造，是新疆唯一用元做单位的银元。一般其正面为“民国卅八年”字样，背面是阿拉伯数字“1949”。也有少数银币将正面纪年“民国卅八年”改为公元纪年“一九四九年”，背面仍有“1949”字样，故又被称为新疆“双四九”银币（图2）。至1951年10月，发行了印有维吾尔文的人民币，新疆银币才停止流通。

图2 新疆“双四九”银币

新疆“双四九”壹圆银币版式较为繁杂，据不完全统计有20余种之多，如汉字“壹圆”有实心、空心，阿拉伯数字“1”有尖足、方足，纪年“一九四九年”有开口四、闭口四等版式变化。其因铸造流通时间短、发行数量少，加之主要在新疆流通等，一直被广大收藏者所珍视，近年来的行情更是一路走高，好品、稀少版别的成交价已轻松过万，其潜力与前景不可小觑。

2000万的大漏，你见过吗?

捡漏，是一项既有挑战性又有趣味性的实践活动，许多爱玩钱币的朋友都尝试过，它堪称玩钱币第一快事。捡漏的方式和途径有很多，比如去地摊、鬼市、老宅、工地、湖边、古城墙、运河畔等场所，如果运气好，便会有收获。此外，一些脑子活、鬼点子多的泉友还想到了“打劫”老藏家这条捷径。

为何会选择“打劫”那些老藏家，我认为有以下几个因素。

第一，老藏家普遍年龄大，记忆力减退，反应较迟钝，而且他们一般比较“眼花”，一不留神容易卖漏东西，因此有捡漏的机会。

第二，他们中有不少人平时深居简出，对钱币信息不灵通，对行情把握不精准，又不擅长上网，消息闭塞，认知欠缺，有的甚至与社会严重脱节。

第三，老一辈藏家比较重视感情，容易心软，只要善于对他们打感情牌，软磨硬泡，说不定哪天他心一软，好钱币就能手到擒来。

第四，老藏家钱币往往买得早，不乏精品、好品，而且当时入手价并不高，所以一般来说出手价也不会太离谱，如果运气好的话，可能远远低于市场价。

我有一个朋友小胖是一名普通泉商，近来生意不好，货源堪忧，弄得他每天茶饭不思、焦头烂额。有人提醒他不妨试试“打劫”老藏家，于是他说干就干，真的粘上了一位老藏家。

老藏家余叔70来岁，头发花白，个子不高，喜欢戴副老花眼镜，说话笑嘻嘻的。小胖是在古玩市场认识余叔的，他凭着一张嘴皮子，赢得了对方的信任。几次交往后，余叔开始把他当作好朋友，两人交谈甚欢。

后来，小胖提出想去余叔家里玩，进一步交流感情。其实，小胖就是去淘宝捡漏的，说得更直白一点，就是去“打劫”的。没想到余叔爽快地答应了。没过几天，小胖来到余叔家。这是他第一次去老藏家的家里，心中兴奋不已。余叔的房间不大，但很干净，摆设也简单，连冰箱里的东西也不多，不像是老人的居所，他不禁佩服老藏家的勤劳与干练。

那天，他从余叔手里搞来一些袁大头银元，其中有3枚民国八年的，还有几枚民国九年的，是精发版，属于少见品种，捡了个小漏。

“嘿，这老家伙愣是没看出来，把它们按通货价给了我。”小胖回来后笑着和我说，表情得意极了。

自从有了第一次捡漏的经验，他信心百倍，和老藏家联系得更加频繁了。在其面前“前辈长，前辈短”的，那一张嘴甭提有多甜了。

经过思考，小胖把自己下一回的目标继续锁定在老银元上，因为它们是热门货，利润高，老藏家有货，而且又不太懂行。数日后，他又来到余叔家。这次运气同样不赖，收获了几枚龙洋银元（图1），包括造总、北洋、宣三（图2）等品种，还有光绪皇帝头像卢比银币（图3），它是我国历史上最早的人物头像钱币。此外，还收获了军阀唐继尧正面像和侧面像的银元，这些都是热门货。余叔卖得便宜，小胖又赚了一回，他心里美滋滋的，心想“打劫”老藏家这条路真是走对了。

图1 龙洋银元

图 2 宣统三年大清银币

图 3 光绪头像卢比银币

然而，让他出乎意料的是，那天过后没多久，余叔竟然主动请他去家里，说有好货。小胖受宠若惊，急忙屁颠屁颠赶到。只见余叔捧出一袋银元（图 4），说道："这批银元是在我老房子的墙壁隔层里发现的，包含不少种类，品相也都不错。你若感兴趣，不妨先看一下？"说罢，哗啦一下，把银元倒了出来。

图 4 大量老银元

小胖一瞧，乖乖，有几百枚之多，他心中一阵窃喜，故作镇定地粗看了一遍，它们有的酱色包浆，有的色彩斑斓，有的银光犹在，看得他心花怒放，难以自控，嘴边哈喇子都差点流出来。

除了普通龙洋、鹰洋、站洋、坐洋、袁大头、孙小头银元外，竟然还有黎元洪像币、袁像飞龙币、龙凤纪念币等银元珍品，粗略估摸总价在千万以上。而且有的品种，是他以前连想都不敢想的好东西，更别说拥有它们了。

“这，这么多好东西，一定很贵吧？”小胖声音有些颤抖。

“年轻人啊，咱俩有缘相识一场，这些银元中有不少品种想必现在都不便宜，咱活到这把岁数了，也没精力去关心现在的行情价格，看你谦虚好学，人又实在，如果诚心要，就都惠让给你吧。”

“啊！那多不好意思啊，我该怎么感谢您呢？”小胖假装客套地说。

经过一番讨价还价，小胖以绝对捡漏的价格获得了这批银元，此外，老余把一些古钱币、铜元、民国纸币等也都给了小胖，几乎是半卖半送，虽说没什么珍品，但也划算。付款后，小胖紧紧抱着那一堆宝贝兴冲冲地回家了。

第二天，我刚走进小胖店里，他立马就把店面关了，神秘兮兮地对我说："兄弟，这回我可捡着巨漏了！”

“巨漏？是什么爽品、靓货，快让我瞧瞧！”我很是好奇。

“看在你我交情的分上，就给你展一眼吧。”小胖说道。

我心想:这棒槌可真小气啊，给我看就看呗，还只能“展一眼”(行话，就是有限度地看一眼)。

“好吧，那就展一眼。”我瞪大眼睛，猛地看起来。

“乖乖，这几枚包浆，实在太美了，这几枚带原光，贼亮贼亮的啊！”我感叹着。

“废话，这批靓货、爽货，能卖个天价啊！”小胖很是得意。

“天价？是多少啊？”我好奇地问。

“保守估计 2000 万元！”小胖眉飞色舞。

“是吗？你赚大发了啊！”我开始有些羡慕嫉妒恨，甚至后悔没和他一起去“打劫”老藏家。

我正想再仔细看看，小胖却不肯了，叫起来："说好了，只能展一眼的啊！”说罢，他立马收紧了袋子。

晚上，小胖满怀喜悦，做起了一夜暴富的美梦。梦见他的银元送评 PCGS，一个个评出了高分，然后大卖 2000 万元。不，是 3000 万元、5000 万元，甚至更多！

后来连续几天，我都没见到小胖，他的店也关了。直到有一天早晨，我刚到古玩市场门口，只见小胖开着一辆没上牌的新车，副驾驶坐着个妙龄姑娘，他一见是我，便意气风发、气场十足地喊道："嗨，哥们，我要去谈笔大生意，完事了请你胡吃海喝去！你就瞧好吧！"

"行，行啊！"我连忙点头，用羡慕的眼神目送这位钱币圈新晋大咖开着豪车离去，心想："厉害啊，他又开车又交到女朋友，换了个人似的，这回是真的捡大漏、发大财了吗？"

然而，出乎意料的是，小胖获得这笔大漏才没几天，他就如同人间蒸发一般离奇消失了。电话、QQ、微信，任何方式都无法联系上他，所有以前出现过的地方，也都不见他的踪影。看来，他真的彻底失联了。

一个大活人，怎么说不见就不见了呢？这几天究竟发生了什么？我和泉友们都十分纳闷和不解。

"这小子，背着我们闷声发大财了！"

"唉，还说什么苟富贵勿相忘呢！"

"不会真出了什么事吧？要不去报个警？"

泉友们纷纷开始扯犊子，嘀咕起来。

一晃几年过去，小胖再也没有出现过，但对于他的传言一直断断续续，没有停止。这些众说纷纭的传言，总的来说不外乎几种说法。

——小胖出国发展了，由于有第一桶金加持，在国外干起投资生意，混得风生水起，乐不思蜀。

——虽说捡到漏，赚了一笔钱，但由于货里掺了水（有真货也有假货），怕被人报复，于是远走他乡，隐姓埋名，过起自由闲散的生活，逐渐和大家相忘于江湖。

——因倒卖大量老银元，触碰法律红线，被人告发，锒铛入狱，过上铁窗生涯。正所谓"出来混，迟早要还的"。

——突发疾病，已然离世。

——余叔是个老江湖，那批银元都是高仿品，小胖中圈套被骗了，买银元的钱全都交了学费。因为备受打击，他从此退出钱币圈，回到老家，娶妻生子，过上了平淡的生活。

我认为这些情况似乎都有可能，但无论哪一种，都只是猜测而已。真的期待有一天，小胖会重新出现在我们面前，亲口告诉我们这个答案。

不知为何，在我脑海中还一直定格着自己与小胖最后一面的镜头——他油头粉面，开着豪车，豪气干云又痞气十足地对我说："你就瞧好吧！"

近年来，钱币收藏热持续升温，一线货源日渐枯竭，业内竞争日趋激烈，各类钱币珍品、名品、精品大部分被沉淀，好货、靓货价高卖不动，普货、差货低价没人买。在这种情况下，越来越多的泉友和泉商的生存空间不断被挤压，特别是那些小泉商，本来就是小本经营，如果没有稳定的货源与收入，就要弃坑去喝西北风。于是乎，他们走上"打劫"老藏家这条路，也在情理之中。

不过，那些所谓的老藏家，真的那么容易被捡漏、被打劫吗？我看不一定。至于小胖捡大漏的故事，到现在仍是个未解之谜。大漏与暴富虽然诱人，但我提醒大家，玩钱币还是不要抱有贪小便宜、捡大漏的心理，谨慎小心、稳扎稳打、步步为营方为上策。

爱玩钱币，一种对灵魂的叩问?

一

玩钱币是一种爱好，就像小孩喜欢玩具一样。如果能通过它有所盈利，那自然是好事；如果不能，那也无所谓。至于玩钱币所花费的资金，就看你怎么理解了。其实，我们平时吃饭、买衣服、旅游等，还不是一样都是消费?

我们一开始玩钱币，眼前往往只看见实物，随着时间的积累和能力水平的提升，慢慢就能看到其中蕴含的历史与文化，从而看到更深的学术价值，同时情操得到了陶冶，境界得到了提高，思想也得到了升华。

某位泉友失业了，又离了婚，备受打击的他，每当寂寞孤独之时，只有那些钱币、藏品陪伴着他，慰藉他的心灵，帮助他度过艰难无聊的日子，使他重新看到了人生的希望。

是啊，每当玩起钱币，把玩把玩这个，研究研究那个，真正乐在其中，时间很快就打发了。许多泉友不禁感慨：人生有个爱好真棒。

二

每到年底，很多泉友看着琳琅满目的钱币就蠢蠢欲动，他们渴望撸币的手早已按捺不住，只想狠狠买一把过瘾。毕竟辛苦工作了一年，好不容易发了年终奖，也该给自己一点新年奖励了，不是吗?

至于为何会对钱币情有独钟，泉友们往往有自己的理由。比如，一位单身泉友说道："你喜欢的人，她不一定喜欢你。在很多时候，即使你为她付出得再多，也可能只是打了个水漂而已，可能连一句感谢的话都听不到。但是，如果你遇到自己喜欢的东西，比如钱币，那就不一样了。往往只要你出钱，它就是你的。而且它忠诚可靠，伴你一生，不会生气，不会生病，更不会背叛，比伺候一个人容易多了，何乐而不为呢？”

另一位泉友理直气壮地说：“亲们，如果连一枚自己喜欢的钱币都不舍得买，那还谈什么诗和远方呢？”

还有一位泉友更风趣，他说：“玩钱币，是世界上最美妙的事之一，因为你花的钱并没有消失，它们只是变成另一种形式了。而且就这样收藏着、欣赏着、把玩着，随着时光流逝，说不定一不小心就变成了大富翁。”

他们说得虽有些片面，但都有一定道理，也是真实的心灵告白和情感流露。然而，世界上没有完美的事，玩钱币也是如此，因为钱币千年不灭，我们的生命却很短暂，只是它们漫长生命中的匆匆过客而已。即使我们热爱它们一辈子，也只不过是做了钱币的搬运工，并非真正拥有了它们。

这一困惑与无奈，或许是所有泉友永远聊不完的话题吧。

爱玩钱币，是我们发自内心的声音，是对灵魂深处的叩问。其实，几乎每个人都有自己的灵感与灵性，能把时间花费在热衷的爱好与事物上，这也算是一种人生的幸福吧。

一位“骨灰级”钱币老玩家的心灵独白

我姓董，是一名“30 后”泉友，年近 90 岁，泉龄 70 多年，大家都叫我“老古董”，玩钱币让我一直乐在其中（图 1）。

图 1 各类钱币藏品

可是，人一上年纪，就不得不服老。如今，我发现自己不仅腿脚不好使，连日子也过得迷糊起来。时间更像长了翅膀，跑得飞快，一眨眼就是一年。更糟糕的是，近段时间，我身体似乎出了什么大问题，经常在椅子上一坐就是半天，啥事都没做，天却已黑了。连续不少天，我连玩钱币的力气都没有，莫非真的要和这个世界说再见了？

今天天气真好，我感觉自己的精力难得有点恢复，于是赶紧取出几枚钱币，欣赏把玩起来。

这几枚心爱的古泉，它们来之不易。多年前，我去农村收古钱，那里正涨大水，听有人说从塌方的山坡中间冲出了一些钱币落在小溪坑里。我心想，如果现在赶过去，或许还来得及。于是不顾大雨倾盆和又湿又滑的道路，我一路奔走过去，好不容易赶到现场，发现生产队的人正准备将收获的钱币当废铜卖掉。我一看急了，便对他们说道："钱币是宝贵的文化遗产，是历史的见证，它们被这样毁掉了岂不可惜？"就这样，我及时阻止了他们，并收购了这几斤古钱。值得庆幸的是，其中的确有几枚少见的好钱。虽然自己弄得满身是泥巴，又脏又湿，但心里格外开心。光阴飞逝，一晃这么多年过去了，那段经历却依然记忆犹新。

回想几十年前，自己年轻气盛，总以为古钱币只能算是古玩收藏中的入门级品种，以为最多耗费 10 年时间就能搞定它们，然后再去玩别的高端收藏品种。可结果呢，光是收藏钱币，这一玩就是一生。而且，就算我耗尽生命，也无法完成它。因为祖国数千年钱币文化博大精深，钱币品种浩瀚无垠，收藏了普品还有精品，收藏了精品还有名誉品，收藏了名誉品还有珍品、孤品、出谱品等，根本不可能把它们收集齐全。

而如今，钱币的世界好像变了，追名逐利，充斥资本，尔虞我诈，今非昔比。同时，钱币赝品层出不穷，修补技术不断提升，盒子币高分暴利，钱币圈浮躁功名。于是，在无数新手涌入钱币圈的当下，我选择默默退出钱币圈。因为时代变化太快，自己实在跟不上了。

看着这些钱币，老态龙钟的自己第一次想到了离世。当你老了才发现，那些生命中称得上重要的事情，已经变得越来越少了。年轻的时候，我们并不会那样强烈地意识到生命的短暂与宝贵。此刻，我才终于明白，当一个人发现生命原来是转瞬即逝的时候，那一定是已经很老了，或者是活得很久了。

回想以前的自己，曾是一个多么有活力的小伙子呀。勤奋好学，省吃俭用，痴迷古泉，坚持不懈，方才积攒到如今数量众多、品种多样的历代古泉藏品。

我本想把自己的学问和钱币都传给儿子，让他继承下去。然而，儿子对此不感兴趣。他喜欢出国旅行，一趟又一趟，开销很大。至于去干什么，从不和我细说。想想终有一天，自己会离开钱币，而它们又会有何种结局呢?

我对钱币是又爱又恨。为了钱币，我付出了很多，同时也失去了很多，比如父母的不解、妻子的反对、儿子的不屑。其实，说多了想多了，都是泪啊。

想着想着，我又闭上了眼，沉沉地睡去，手一松开，那几个亚克力盒子装着的钱币，顺着裤子骨碌碌地滚落到地上。过了一会儿，还在读小学的孙女跑过来，喊了几声爷爷，又推了几下，我想回应她却怎么也发不出声、醒不过来。

午后慵懒的阳光映照着钱币，那些斑驳绿锈与沧桑古意显得格外醒目。只见其中一枚钱币上，赫然写着 4 个笔力古朴苍劲的字：天策府宝。

天策府宝钱币，系五代十国时期南楚马殷在后梁乾化元年（911 年）所铸（图 2）。马殷被后梁太祖朱温册封为“天策上将军”，建天策府。为纪念此事，马殷铸造了天策府宝。据说这是我国历史上唯一纪府性质的钱币。它一般分为铜、铁、铅 3 种，钱文粗犷大气，钱体厚重精良，存世甚为稀少，故一直是不可多得的古泉名珍之一，历来被广大泉友重视与喜爱。

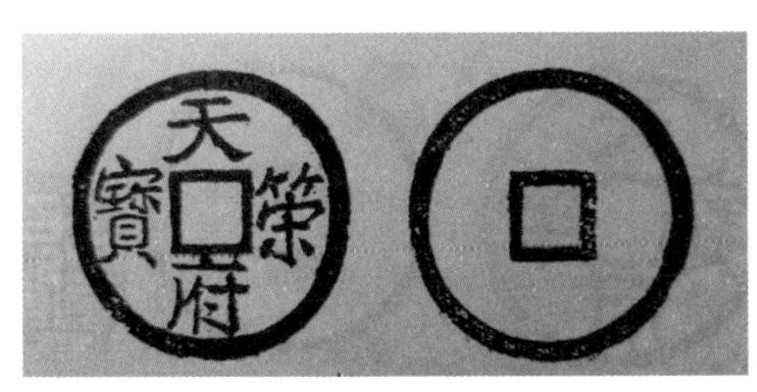

图 2 天策府宝（拓片）

玩钱币：你拥有“第六感”吗?

我们有些泉友，玩钱币的时候会产生“第六感”。

人类通常有五感，也就是所熟知的听觉、视觉、触觉、嗅觉和味觉。我们用这 5 种基本感觉，去感知世界和体验人生。而一些特殊的人往往还拥有神秘的“第六感”。

所谓“第六感”，在心理学中被称为“超感官知觉”。在某些条件下，“第六感”会被激发出来，在脑中一闪而过，给予某些特别讯息与启示。比如，诗人李白“斗酒诗百篇”，科学家牛顿因苹果掉落在头上而想到了万有引力。而我们某些泉友玩钱币，也往往会如此。

一

泉痴彬哥有一个神奇技能，叫“看背猜钱”。他只需看钱币的背面，就能猜到这是一枚什么钱币。

有些钱币，其背部特征较为明显，容易猜，比如无轮廓的半两、穿孔大的五铢（图 1）、开元通宝的月纹、南宋钱背的纪年、清钱背部的满文等，这些钱币即使猜对了，也不算有多稀奇。然而，有些钱币背部太寻常，往往光背无文，特征又不明显，那就比较难猜了。但这位老哥，无论看什么钱背，都能猜对。哪怕是长得几乎一样的宋代屌丝钱，也能猜个八九不离十，这就属于特殊技能了，说他没有“第六感”，估计也没多少人会相信。

图 1 五铢

二

老藏家雷叔的强项是辨别钱币真伪，他有一双“火眼金睛”，如果给他一大堆钱币，里面故意掺着一些假币，无论是极仿、精仿、高仿、低仿，还是仿铜钱、仿铁钱、仿银元、仿铜元等，他都能一个不差地全都找出来，真可谓是超人。泉友们纷纷夸雷叔眼力不凡，他却风趣地说：“其实，除了眼力，我还用了‘第六感’呢。”

三

青年泉商小满一向对钱币行情有独到的见解，对价格走势更是把控得十分精准。他一旦买起钱币来，几乎是买什么涨什么。比如：他买进周元，周元涨了；买进端平，端平涨了；买进隆庆，隆庆涨了；买进龙洋，龙洋涨了；买进大天启（图 2），大天启也涨了。

面对如此“神预测”，大家惊呼他投资钱币有“第六感”。有些泉友

图 2 天启通宝

便跟着他买，结果也都纷纷赚到了。对于泉友们的赞誉，向来谦虚的小满说道："没有啦，我哪有什么'第六感'，只是一点小直觉而已。"

我觉得他所谓的"直觉"，说白了跟"第六感"是差不多的。直觉比较强的人，他们的"第六感"往往也不会弱到哪里去。

四

"第六感"，虽看似玄妙，但也并非不能达到。彬哥、雷叔、小满，他们之所以会与众不同，具有带着神秘色彩的"第六感"，其实是和平时勤学苦练、持之以恒分不开的。

或许，他们是过手无数钱币、经历无数实战，才换来的技能；

或许，他们是一次次买假吃"药"、摸爬滚打，才磨炼出的成果；

或许，他们是一回回经营实践、分析研判，才摸索出的直觉。

所以说，如果我们每个人玩钱币都能用心去感知、用身去实践、用爱去坚持，那么就有可能达到古人所说的"天人合一"的状态，同时将自己的"第六感"更大程度地激发出来。

为了心中的100亿

近年来，“老银元”一词可谓异常抢眼。何为老银元，主要是指在清代晚期以后铸造或流入中国的各类机制银币，其中包含鹰洋、龙洋、船洋、孙小头、袁大头等知名度较高的传统银币品种（图1）。

图1 银元

这些老银元停止铸造流通后，便逐步进入了收藏领域。由于它们大多造型美观、材质精良，又具一定的历史意义，因此受到广泛喜爱与追捧，其市场价值也节节攀升，如今已成为收藏投资炙手可热的“新宠”。

曾经有人根据藏品的类别，将钱币玩家群体划分为3个圈子，即以银元为主的机制币圈子、以古代铜钱为主的古币圈子、以现代纸币为主的纸币圈子。当然，有的玩家既玩古钱又玩银元，有的玩家既收藏铜元又投资纸币，所以说这种划分只是相对而言，并非绝对的，而这几个圈子也在一定程度上彼此相融、和谐共生、长久发展。

老银元作为三大圈子之一，说实话，前些年它们的价值涨幅并不大，甚至还不如某些热门古钱与纸币品种。然而近几年，随着钱币出圈、资本加持、新人介入，它们的价值被一步步发掘，并充分展现出来。加上微拍、直播、短视频、评级盒子币等各种增值与炒作手段的助推，老银元藏品，如民国二十一年孙中山像银币（图 2），同开挂一般，价值一路走高，势不可挡。

图 2　民国二十一年孙中山像银币

据说，在 2021 年 7 月，光是 P 盒银元的市值就已突破 100 亿元。如此傲人的数据，在整个钱币圈都具有里程碑意义，可见老银元收藏与投资的资本化速度之快、商业性运作之疯狂。而且，这是在受疫情干扰、经济大环境并不算好的情况下，尚能达到如此成绩，实属不易。

此消息让无数泉友欢呼雀跃、信心百倍，相信这振奋人心的“100 亿”会如同一根高高的标杆，牢牢印刻在每个泉友心中，鼓舞激励着我们，并成为永远的记忆与力量的源泉。

这是一个资讯爆炸的年代。很快，这个利好消息让不少银元小精品、名誉品涨上了天，有的热门品种价格甚至一日三变。前几年那些低位入手的玩家与泉商，抓住了此风口，赚得盆满钵满，那种成就感简直比捡大漏还要刺激。或许，像他们这样低买高卖的操作，本身也算是一种捡漏吧。

“100 亿”的热度尚未消退，没过多久，一枚张作霖头像银元在日本某拍卖会上以 2000 多万元的天价成交，再次惊呆了广大钱币玩家。于是乎，一场老银元收藏与投资的狂潮几乎席卷了整个钱币圈。如日中天的老银元收藏品，其中不少已处于强势横盘状态。那些食物链顶端的银元商，仗着财力雄厚，用资金开路，用盒子增值，一面不断囤积居奇，一面把握市场风向，甚至能随时掀起新一轮炒作。照这样下去，别说是市值 100 亿元，就算 200 亿元、300 亿元，甚至 500 亿元，也只是时间的问题。

而有些玩家（新人与小玩家居多），被形势大好的老银元行情冲昏了头脑。他们在此时高位杀入，即使冒着被套牢的风险也在所不惜，的确颇有些勇气，但这样做并不明智。

不得不说的是，自 2022 年春节以来，老银元行情出现转折，一些品种到达天花板后，便呈现出缓慢回落态势，对此大家众说纷纭。有的玩家认为，这只是短期回调，属于正常现象，以后仍会有创新高的可能；有的玩家则认为，老银元市场大势已去，更快、更大幅度的下跌将要来临。

正当大家有些犹豫彷徨之际，资本市场又谱写出了新神话，在 2022 年 8 月，一枚癸卯奉天省造光绪元宝库平一两银币样币（PCGS AU55）（图 3）在国内某场拍卖会上，以人民币 4657.5 万元天价成交，不但刷新了中国钱币单价的最高成交纪录，还首次进入世界钱币拍卖价格前十名，位居第七！而且，如果单以世界银币拍卖价格排名，奉天癸卯一两银币样币位居第三。此外，一枚张作霖像背龙凤伍拾圆金币（图 4）和一枚光绪二十九年户部光绪元宝库平一两样币，也分别拍出了 3400 多万元和 2300 多万元人民币的高价。

图 3 奉天癸卯一两银币样币

图 4 张作霖像背龙凤伍拾圆金币

如此重大喜讯，无疑是钱币圈的骄傲，值得庆贺。很多泉友更是被这针巨大的强心剂打得飞上了天，他们对老银元的前景又开始充满期待。

一枚银币，居然能卖4000多万元。3枚钱币（奉天癸卯一两银币样币、张作霖像背龙凤伍拾圆金币、光绪元宝库平一两样币）加起来价值超过1亿元，这是我们以前想都不敢想的事情，如今却变成了现实。

当然，也有泉友会说，这些不一定是真拍。毕竟，并非我们亲眼所见，就不能完全排除这种可能。但不可否认的是，“天价成交记录”已经形成了。在如今资讯爆炸的年代，它会迅速变成一个标杆，对市场形成示范效应，加上网络和舆论宣传的跟进，新一轮炒作很快会被引爆，钱币行情可能又会迎来一轮新高。

作为特殊历史时期留下的宝贵遗产，老银元中的知识与文化内涵的确丰富，收藏与研究它们的人也不在少数。然而，如果光是能够学到知识，恐怕还不够吸引人，只有那些能够变成财富的知识，才是最厉害的。而老银元无疑属于后者。

诚然，收藏和投资老银元早已不再是昔日的小众文玩，它正在走向商业化、资本化、金融化的道路。这与老银元与生俱来的优势与实力是分不开的，同时资本市场的运作和盒子币的赋能作用也功不可没。

以上现象，可谓喜忧参半。一方面，经营老银元带来的巨大利润，刺激了钱币市场的繁荣，也吸引了圈外资本和大量新人的涌入，评级公司与盒子币的兴起，也解决了一些就业问题。而另一方面，两极分化逐渐加剧，由于老银元的价格不断提升，越来越多的小玩家群体无法承受，最终被资本抛弃，黯然离场。毕竟，资本的本性是逐利的、嗜血的、残酷的。那么，在它的阳谋与阴谋之下，是否有一天老银元真的会沦为有钱人的游戏呢？

近期，老银元开始进入沉淀期和调整期，不少品种价位有所回落，这也在情理之中。对此，有些泉友采取理性观望，而有些泉友则认为是投资良机。与其他艺术品一样，老银元收藏经营的资本化之路，想必也是漫长、曲折、多变的，它作为一种古玩艺术投资品，风险与利润一般成正比，即风险小则利润低，风险大则利润高，任何投资市场都不可能存在永远的涨价或跌价。正所谓人算不如天算，老银元的未来走向，谁又能真正猜得精准呢？它们会有更加灿烂可期的未来吗？对此，我们拭目以待。

然而，无论今后市场如何运转、行情如何变幻、价格如何起伏，对于绝大多数玩家来说，只要心中有梦想，就会有未来。那么，让我们继续努力吧。不为别的，就为了心中的那个100亿！

我在欧洲“撩”钱币（一）：追梦锡耶纳

多年来，我习惯在国内玩钱币，虽有斩获，却渐感乏味。几年前的某天，我突发奇想，若是走出国门，可能会另有一番天地。我本就任性，既有此意，便说走就走，开启了自己的欧洲寻币之旅。

欧游第一站，我选了意大利城市锡耶纳。它是一座古城，位于意大利中部，紧邻文艺复兴发祥地佛罗伦萨。要问为什么选它，当然自有一番道理。

据说，锡耶纳的建筑、街道、布局、环境及居民生活方式，至今仍保留着中世纪风格（图1）。想当年，那里的金融业、银行业等十分兴盛，货币贸易的频繁程度可想而知。如此别样的古城，正是我淘币的不二之选。在出发前，我真心希望能在那里淘到向往已久的各种欧洲古钱币。

图1 锡耶纳景色

一路向西，我连坐十几个小时飞机后，顾不上倒时差，又换上大巴车继续赶路。然而，到达锡耶纳时，天公不作美，下起淅淅沥沥的小雨。我缓步行走在石板路上，光线阴暗，空气湿凉，四周被中世纪建筑包围，仿佛穿越回几百年前，那种感觉十分奇特。

我先后去几家超市买了点东西，通过找零钱的方法，得到一些不同面值、品种和年代的欧元硬币（图 2），里面还包括几枚意大利里拉和圣马力诺币，看来运气不算差。以前，我从未仔细观察过它们，现在发现上面的图案颇有意思，有风景、花卉、建筑、神话和历史人物等，且版别还不少，打算回去再慢慢研究。接着，我去了景区两家旅游纪念品店，发现有零散的古老钱币出售，但价格都很昂贵，而且赝品不少，只能作罢。

图 2 欧元

古罗马系列钱币，是我一直想寻觅的古钱品种之一。在历史上，曾先后存在过好几个罗马共和国，铸造过金、银、铜等不同材质的钱币（图 3）。其中，19 世纪的罗马共和国是我最感兴趣的，它只维持了不足半年时间，然而这个短命的王国却发行了一整套流通硬币，上面铸有老鹰图案、发行年份及“罗马共和国”字样，并且在钱币上第一次出现具有进步意义的口号：上帝与人民（意大利文：Dio e Popolo）。这套硬币有 7 个面值，它们分别是 1/2、1、3、4、8、16、40 贝阿科（Baiocchi），其中前面 3 种材质是铜币，后面 4 种材质是含银量仅为 20% 的低银币。既然来了欧洲，我就下决心要淘到这套心心念念的钱币，毕竟在网上买和自己去淘是有所不同的。寻寻觅觅的过程才是真正的快乐，一路又能欣赏别样的异域风情，何乐而不为呢？

图 3 古罗马钱币（金、银）

既然在景区没啥收获，那就只能瞎逛，也没心思找饭店吃饭，肚子饿了，我就啃两块比萨饼充饥，又香又软，而且只需要几欧元，真是便宜。走着走着，路过广场、市政厅和悠长小巷，我又来到一幢古色古香的建筑面前，仔细一看好像是一家银行。

不看不知道，一看吓一跳。原来它叫牧山银行，建于 15 世纪，距今已有 500 多年历史。更厉害的是，它竟然是世界上现存最古老的银行。我进去一瞧，里面陈列着当时的商业合同、票据、账目等物品，时隔数百年，依旧保存完好。隔着玻璃展柜凝视这些珍贵文物，锡耶纳古城昔日商人如织、交易繁盛的商业景象仿佛浮现在眼前，让人叹为观止。

天很快黑了，走出银行，我继续漫无目的地游荡着，不远处教堂传来敲钟声，飘荡在空灵的小巷里，显得格外魔幻，让独行的我心中不免有些慌兮兮，于是只好回酒店休息。

但我仍不甘心，入住酒店后，我询问工作人员，得知每个星期日早上都有跳蚤市场，市场距离酒店不远，东西挺多挺杂，可能会有钱币售卖。我心想 :“明天刚好是星期日，真是太棒了。”

翌日，天刚蒙蒙亮，我便兴冲冲地赶到市场。一看人果然多，有几名老外披着长发，一身艺术家打扮，正在现场卖唱献艺。售卖物品以银器、油画、书籍、装饰品等为主，几乎没有什么钱币，我颇有些失望。

寻寻觅觅，好不容易在某地摊角落处发现一些零散钱币卖，发现其中有面值分别为 1 贝阿科和 3 贝阿科的古钱，应该是古罗马共和国铸造发行的钱币（图 4）。虽说它们的品相都不怎么样，但我觉得机会难得，便买了下来，好在价格不算太贵。此外还买了一枚有古希腊神话人物头像的钱币，不知道是什么品种。另有一枚面值为 1/2 贝阿科的钱币，品相实在寒碜，只能放弃。

图 4 贝阿科钱币

摊主是个留大胡子的意大利人，我问他有没有别的古钱币了，他摇着头说 :“bello（意大利语，帅哥的意思），我这里真的没有了，听说后天威尼斯有个币展，反正离这里也不算远，你可以去看看。”我一听，这消息给力啊，连忙道谢而去。

于是第二天，晨光熹微时，我便收拾行李匆匆告别了神秘魔幻的锡耶纳古城，因为自己的心已经飞到威尼斯了。

我在欧洲“撩”钱币（二）：捡漏威尼斯

一路途径比萨、佛罗伦萨等意大利名城，我直奔威尼斯。半路上收到消息，我的死党小淘和铲铲两人已到意大利，正赶来与我会合，心中不免一阵惊喜。小淘姓陶，是个文艺青年，因痴迷于淘币捡漏，故得此绰号；铲铲姓赵，是个江湖人士，他身材胖实，平时喜欢走南闯北铲地皮、收钱币，还爱拿着小铲子挖宝，大家便给他取了个诨名“铲铲”。他俩都是浙江人，年龄与我相仿，又和我相识多年，也算是死党了，我想这回有他俩助力，说不定会有大收获。

威尼斯，一处令人迷醉的地方，如同上帝打翻了调色盘，将一抹抹五彩缤纷的颜料撒在小岛上，渲染出奇迹。上百条河道纵横交织，绘制出这座名副其实的千年水城。

图1 水城威尼斯景色

既然他俩还未到，初来乍到的我便先独自逛了起来。走着走着，发现这里的每一扇窗、每一道门、每一面墙，都是吸引眼球的艺术品。古往今来，数不清的艺术家、文学家、科学家在此留下作品与足迹。忽然间，大教堂钟声响起，鸟群在空中飞舞，金色阳光洒在壁画上，好似进入仙境一般（图1）。

我坐上贡多拉一路缓缓漂流，穿过叹息桥，然后上岸，再跟随来自世界各地、不同肤色、不同穿着的游客一起，来到币展现场参观。只见摊位林立，人气爆棚，确实热闹。但我发现钱币大多品相不好，还有很多是仿品。说是币展，却也有不少其他物品展出售卖，看得我眼花缭乱，如同愣头青一般。很奇怪，不知是威尼斯的美景干扰了我，还是这里真的没有想要的钱币，瞎转悠大半天，东寻西找，竟然一无所获。路过某摊位，看见有卖威尼斯风景的冰箱贴，便想买两个做纪念。然而，戴鸭舌帽的意大利摊主十分热情，他竭力推荐我每种款式，盛情难却，只好全都买了下来。付了钱，我顺便问他："你有钱币卖吗？"他笑着摇摇头，问我要了联系方式。我离开后，还没走多远就发现这些冰箱贴角落处都写着"Made in China"字样，我猜八成是义乌小商品市场的"杰作"，不免有些哭笑不得。

这时电话响起，小淘和铲铲到了。于是，我们在圣马可大教堂门口广场胜利会师（图 2），三人意气风发地一边沐浴着阳光，一边欣赏风景。

图 2 圣马可大教堂

可还没聊上几句，铲铲就嚷嚷着自己肚子饿了，没心思看币展淘钱币，我们便找了个离币展很近的餐厅吃饭。

午后时分，整座小岛披上了一层金黄色泽，让人迷醉。威尼斯实在太美、太迷人，吸引眼球的东西太多，以至于我们根本无法专心寻找钱币。既然这样，索性就不找了。我们坐在餐厅里，品味着可口的墨鱼面与香醇红酒，顿感宠辱皆忘，那些名利、欲望、野心、争斗，包括钱币收藏梦想，仿佛都已渐行渐远，至于工作的压力、家庭的责任、生活的无奈，也变得不那么重要了。

这里使人忘记烦恼、忘却痛苦。或许你有很重的梦想，很强的使命，或许你厌倦乏味劳累的生活，但又有谁能够真正诠释出生命的意义呢？在威尼斯，时光被定格在某年某月的某一个时刻，那种油然而生的特殊存在感，让我对生命有了新的诠释。

当我正打算放弃寻币，全身心放纵和陶醉自己的时候，刚才摆摊的鸭舌帽老外来电话了，说要找我。几分钟后，他笑着来到餐厅，用满口意式英语冲我叽里咕噜一通。我们只听懂了大概意思：他要带我们去某个地方见一个人，因为那里有我们想要的钱币。

我们有些犹豫，但直觉告诉我们，他不是在吹牛和骗人，于是我们决定跟他走。来不及四处逛逛，我们便坐船离开威尼斯，沿着河道而下，两岸隐隐飘来唱诗曲一般的歌声，如梦似幻（图 3）。

图 3 坐船顺流而下

“童话有多美，威尼斯就有多美！”我一边感慨着，一边依依不舍地向这座水城告别，跟随鸭舌帽老外来到目的地。由于兴奋，我们已经记不清那个地方的名字了，只记得是一处外墙灰蒙蒙的尖顶老宅。站在门口，我正猜想里面是否会走出一个小精灵或者一个骑着魔法扫帚的胖女巫，结果出来的只是一个叼着烟嘴的干瘦老头。鸭舌帽老外把我们介绍给老头，收了小费后就先离开了。

别看胖子铲铲是个吃货，但他粗中有细，提出自己在楼下等我们，这样相互有个照应，以防不测。我觉得这主意不错，毕竟在异国他乡，人生地不熟的，万一被骗、被坑、被打劫怎么办。

因为铲铲平时随身带的工兵铲无法带上飞机，所以他一到意大利便买了一把铲子和两根伸缩防身棍以防不测。他把棍子交给我和小淘，我们这才跟着老头上了楼。

别看这老头长相古怪，说起话来倒是和蔼可亲，而且还能听懂几句汉语。他和另一个男子一起带我们走上咯吱咯吱作响的楼梯，楼梯转角处的墙上挂着几张画像，可能是这老头子的祖先，个个瘦骨嶙峋的，让我们联想起电影里的吸血鬼家族，不禁汗毛直竖，右手下意识地伸进裤袋握紧了棍子。说实话，这鬼屋般的地方我一个人还真不敢来，幸亏有铲铲和小淘他们陪着。

我们来到一间书房，老头取出一盒子钱币，打开给我们瞧。事实证明，老屋虽陈旧，甚至年久失修，但老头拿出的钱币确实不赖。

这些钱币有百来枚，粗略一看，绝大多数是欧洲铸行的，都是些老货币，所属国家的品种各不相同，不看上面年代，光从包浆、成色及流通痕迹判断，就知道它们有些年头了。其中，包括全套古罗马贝阿科钱币（1/2、1、3、4、8、16、40 贝阿科），而且品相比我在锡耶纳买的那几枚强多了，看得我和小淘直流口水，但就是价格不便宜。此外，我们还发现了几枚中国古钱（开元、永乐和康熙通宝等），在异国他乡看到它们，我们感觉格外亲切。老头说他的祖先曾在中国当过传教士，回国时将它们一起带了回来。

闲话不多说，我们开始和老头还价，本以为凭两人的口才与真诚一定会打动他，然后将它们“一枪打”。然而讨价还价了很久，无论我们如何表明自己爱钱币的真心，如何抱怨自己囊中羞涩，甚至磨破了嘴皮子，老头子对于钱币价格还是寸步不让。连小淘这样善于言辞的精明小伙子也拿他没办法。而且，其中有些钱币，凭我们的财力，是根本买不起的。

“热情却不大方，和蔼却又精明。”这是我对老头的最终印象。没辙了，我们只能挑选那套罗马币，又另外选了一些品种默默地买下，如意大利币（图 4）、纳粹德国币（图 5）、胜利女神小银币等。由于花费不少，如同受了内伤。不过说实话，比起现在的市场价，我们还是捡漏了。而且小淘眼睛尖，他说其中有几枚币属于稀少版别，那老头老眼昏花，卖漏了。

图 4 意大利钱币

图 5 纳粹德国时期银币

走下楼梯，铲铲见我们终于出来了，叫道：“怎么才出来啊？我真以为你们被吸血鬼吃了！”我付之一笑，心想：“看来他真的等急了。”

告别瘦老头，我们从老宅里出来，天早已漆黑，肚子也咕咕叫了起来。“获得了精神享受，看来得解决温饱问题了。”于是，我们开始满大街瞎跑，想买点吃的填饱肚子。原本以为意大利人的夜生活应该挺丰富的，至少晚上找点吃的没问题。可没想到，才晚上 9 点左右，马路上就没什么人了，沿街店铺也都大门紧闭。

“什么情况？难道老外睡觉都这么早？还是……”我们心里直犯嘀咕。一连走完好几条街，都快放弃了，我们终于见到一家还亮着灯的小超市，那温馨的小灯光让我们兴奋无比。我们急忙飞奔过去，进门一问，老板竟然是我们浙江人，真是老乡见老乡，分外亲切啊。

因为太饿了，我和小淘拼命塞下几个比萨饼，又泡了泡面吃，感觉味道棒极了。铲铲更是饿疯了一般，一连吞下十几个羊角面包，才算回过血来。

“唉，这个点，只有中国人的超市还在营业，果然我们是最勤劳的啊！”小淘感慨道。

我说：“是啊，同样道理，今天奔波搜寻，虽说很累，但我们获得了全套罗马币，以及一些欧洲古钱，也算是辛勤付出的回报呢。”

回到酒店已是半夜，经商议，我们把下一站淘币地点直接定在意大利首都。于是，第二天我们就一起向宏伟而神秘的罗马进军了。

我在欧洲“撩”钱币（三）：进军罗马城

翌日上午，我和小淘、铲铲一行三人顺利到达意大利首都罗马。我们一边吃着美食一边行走在罗马街头，但考虑到对当地不熟悉，我们请了一个意大利当地女导游，她名叫 Perla（珍珠的意思），金发碧眼，年轻有活力，关键还懂汉语。

在 Perla 的带领下，我们游览了罗马凯旋门、斗兽场（图 1）、许愿池（图 2）等必须去的打卡点，我好奇地问她：“能不能带我们去一下古罗马造币场遗址？我们问了很多人都不知道这个地方，但我们很想看看。

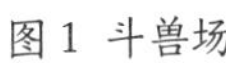

图 1 斗兽场

图 2 许愿池

没想到，Perla 竟知道这个地方。她还告诉我们，它叫朱诺神庙，在卡皮托利山那边，马上就带我们去。我和小淘欣喜若狂，铲铲也在后面屁颠屁颠紧跟着。Perla 边走边对我们说：“其实，罗马是由 7 个小山包发展起来的，所以又叫‘七丘之城’。”我们登上卡皮托利山，她指着压在断壁残垣下的一堆废墟说道：“你们看，那里就是朱诺神庙遗址。”

我们一瞧，大失所望，本以为能看到古老神殿的风采，没想到只剩一堆石头和泥巴了。看来，这一古罗马早期建筑早已被后来的奥古斯都、塞维鲁、君士坦丁等罗马帝国时代的建筑压在地层下湮灭许久了。

于是，我失落地拍了张照片，权当自我安慰，铲铲更是发泄情绪似的抄起铲子就挖，还一边念咒语般地喊着：“money 在哪里，money 在哪里……”

他的举动把 Perla 惹笑了，她神秘地问我们：“你们知道 money 这个词是怎么来的吗？”她的问题，让我们一脸疑惑。

看我们回答不上来，Perla 笑着解释道：“其实，money 这个词一开始并不是‘金钱’的意思。以前罗马有个神庙（或许就是这个），里面供奉着一位代表爱与收获的女神，她的名字就叫 Money，后来由于种种原因，这个庙变成了一个造币厂，于是 money 也就逐渐转变为钱的意思了。”我和小淘听后恍然大悟，怪不得 money 这单词的发音蕴含女性的柔美呢。

接着，Perla 带我们去逛钱币店，然而这些店里的钱币价格都超级高，大概是因为景区是黄金地段，房租、人工费用高的关系吧。而且其中不少看着像仿品，我们更不敢买了。

还是小淘机灵，他在古城路边一些跳蚤市场上用买小玩意找零的方式收到了一些欧洲硬币（图 3），有黄铜的希腊币（图 4）、圆形圆孔的丹麦币、动物图案的冰岛币、航海景象的葡萄牙币、丰收女神头像的意大利币（图 5）等，虽说它们都是大路货，值不了几个钱，但也算是增加品种了，总比没有好。

其实小淘的方法我在锡耶纳和威尼斯也尝试过，但没有收集到如此多的欧洲币种。大概因为罗马是首都，所以货币来源广，种类也丰富吧。我心想：“在罗马古城，我们虽没淘到什么像样的钱币，却收获了一堆散装知识，也算是一种别样的收获吧。”

“别失望，我带你们去梵蒂冈，说不定有收获呢。”Perla 好像看出

图 3 欧洲各国钱币

图 4 希腊铜币　　图 5 意大利丰收女神币

了我们的心事。

“好呀好呀！”铲铲急忙一个劲儿地点头。

“既然来到罗马，总得去梵蒂冈走走吧。”小淘也赞同。

没过多久，我们就从意大利步行进入了梵蒂冈，短时间内穿越两个国家的感觉真爽。

梵蒂冈，是世界上最小的国家，却拥有最大的教堂。这里一般通用意大利币（里拉），但我记得应该有梵蒂冈钱币，不知为什么，总是看不见它们的身影。

横穿圣彼得大教堂，我们来到了博物馆（图 6），这里是旅游必须打卡的地方。里面奇珍异宝太多，我们参观好久还是看不过来，其中当然少不了钱币，而且大都是金银币，它们闪闪发光，而我们却只有眼馋流口水的份儿。铲铲实在忍不住，对着它们狂拍照片，结果他被警察发现，被赶出了博物馆，我们也只好匆匆结束参观，走了出来。在门口精品店里，

我们终于发现了一些封装精美的梵蒂冈币，还有少量用钱币改制的装饰品。一问价格，实在太吓人，只好作罢。

图 6 梵蒂冈博物馆

为了不让我们失望，Perla 特地带我们去见一位她认识的币商。他是个中年男子，德意混血，摆着一辆流动摊位车，他不苟言笑地从车里拿出一些钱币给我们看。这些钱币，品种很多，其中不少是我们首次见到。但仔细一看，至少有一大半感觉不对（像是仿品）。我心中嘘唏不已，这是明摆着要套路我们。

没想到 Perla 竟然看出我们的心事，她笑笑说："这是当地惯例，等你们买下了这些，他可能就会拿出真品、好品、爽品了。"

"这是真的吗？买还是不买？"Perla 说的也只是可能，我们开始纠结。

小淘性格谨慎，他认为不要买，因为买了这些假货，后面的货也可能是假的，他还怀疑这是 Perla 和币商一起给我们设的陷阱。而且江湖规矩，买了又不能退，我们的资金经不起这样折腾。

而一向胆大的铲铲却坚决要买，他嚷嚷道："正所谓舍不得孩子套不着狼，不付出代价，哪能有回报？这样的局很正常，我早就碰到过，见怪不怪了。比如以前，我买了假四字刀，才有了真三字刀；买了假得壹，才有了真顺天；买了假咸丰当千，才有真咸丰五百。这都是局，懂吗？江湖中的手段，既然国内如此，那国外也一样。"

两人说得各有道理，究竟谁对谁错，我一时难以定夺。

“这该如何是好呢？”我头皮发麻，有些犯愁。

忽然灵机一动，我心想：“既然是钱币的问题，那就用钱币决定吧。正面买，反面不买。”

于是，我选了一枚在威尼斯旅馆换来的圣马力诺币，扔向半空，落入手心，结果正面朝上。

“那就买吧，碰碰运气。”我说，他俩也没有反对。

卖家收了我们的钱，原本严肃的表情不见了，只见他笑着取出一个钱币册子，我们翻开一瞧，顿感眼前亮了。

“我们真的蒙对了，这回的钱币果然都是好货、爽货、稀奇货。”我暗自庆幸。

原来，册子里的钱币大部分既不是铜的，也不是银的，更不是镍的，感觉像是铁的、锌的、铝的，还有陶瓷的（图7），它们造型别致，上面的图案更是五花八门，十分奇特。

图7 应急时期的陶瓷币

铲铲一看是些不值钱的金属做成的钱币，便没了兴趣，然而小淘看得津津有味，他说它们很可能是一些应急货币，是世界近代史上的有名币种，难得一见。

小淘没有猜错，币商告诉我们，这些钱币大部分都属于德国应急时期硬币，是以前他在某地低价购得的，因为原收藏者已经去世了，自己又不玩这些，看我们这么有诚意，就低价处理了。

我仔细观看这本册子，发现几乎每一枚钱币上面都有详细标注，有的还用了几国文字，写得密密麻麻，像蝌蚪文似的，可见原币主对它们的喜爱。我不禁联想起他收藏时的艰辛与不易，而今却物是人非，肃然起敬的同时，不免心情沉重。

经币商允许，我们取出几枚币上手把玩起来。第一次零距离接触应急币，发现不同材质有着不同质感，的确很是震撼。毕竟时光流逝近百年，这样的钱币很难寻觅了。

结果，我们以意想不到的价格买下了这一整册钱币。按照目前市场行情，很可能其中某一枚会超过全册币品的购价，这也算是我们冒险买假后的惊喜吧。此外，币商还惠让了几枚纳粹德国时期的银币和纪念币，虽说普通，但也是那段特殊历史的见证物。

钱币到手，捡漏成功，我们走出梵蒂冈，回到罗马古城，轻松漫步在石板路上。罗马的傍晚静谧迷人，它又似乎在歌唱、在跳舞，我注视着它，感到一阵晕眩，仿佛时间里充斥着永恒，也许这就是它被称为“永恒之城”的原因吧。

我们感谢并告别了导游 Perla，回到酒店后我和小淘便迫不及待地搜起了资料。

原来，紧急时期货币的原名为 emergency money，一般指在危难期临时发行的应急货币。这种货币大多由地方发行，限制在一定范围内使用，且流通时间短暂。

德国应急货币，是第一次世界大战期间和其后一段时间内，德国各地为应对战争和危机以代用券的形式在全国大小城市、地区发行的货币，包括纸币与硬币，其材质大多数为铁、锌、铝，铜质的很少，并且大多面值较高，其中包括世界上面值最高的硬币 10 万亿大马币（图 8）。它们是那段历史时期政治、经济、文化等多方面的反映，具有特殊的艺术收藏价值。

图 8 德国应急时期的大马币

与古代西方钱币上的神话人物、帝王头像、飞禽猛兽不同，这些应急钱币把工人、农民、妇女、士兵等普通人的形象铸在了上面，非常亲民和接地气，并且图案大胆创新，打破了硬币图案传统，为 20 世纪西方钱币题材的革新开拓了新天地。

德国紧急时期的硬币品种繁多，百相纷呈，开20世纪西方硬币图案革新的先河，堪称人类数千年钱币史长河中的瑰宝。可惜的是，我国大多数钱币玩家尚未充分认识其重要性。既然如此，那就让我们慢慢赏玩和研究吧。

晚上，我们淘币“三剑客”在一家小西餐厅商议下一步打算，或许是在意大利待腻了，我们想换个国家玩玩。经过一番讨论，我们把下一站淘宝地点定在葡萄牙首都里斯本。一来葡国金币一直名声在外，二来那里的历史、建筑、风景、美食都很吸引人，而且听说还有个“海滨币市”，我们想去看看。

我们本想直飞里斯本，但小淘一定要坐火车去，原因是火车会穿越伊比利亚大地，那里的风景绝美，如果错过了就是一生的遗憾。他还说，如果我和铲铲不愿意坐火车，那他就一个人去坐。

“什么？快2000千米的路坐火车去，这不是在浪费时间吗？”急性子的铲铲快要抓狂了。对此我也有些不解，但为了不让这位文青失望，我和铲铲忍住性子，还是决定陪他坐火车。此外，我们也想亲眼看看伊比利亚的景色是不是真的像小淘说的那样神乎其神。

我在欧洲“撩”钱币（四）：寻币里斯本

半夜3点多，在摇晃的车厢里，我被铲铲的惊天呼噜声吵醒。此刻，列车正疾速穿行在伊比利亚大地上，手机已自动调整了时差，我们也如愿以偿领略到了窗外的别样美景。

幽暗中铁轨的律动声触动着内心深处的思绪，我不禁感叹：“一个月前，自己绝对不会想到今天会坐在前往里斯本的列车上。生命真正的主宰，原来是偶然啊。难道不是吗？”

列车一路向南，天亮时分，我们终于到达里斯本东方火车站，它是世界上最大的火车站之一，那高大的建筑、满墙的壁画，如同葡萄牙史诗般宏伟华丽。在车站礼品店里，我们还发现了包装精致的套装葡萄牙币，但价太高，品又普通，便没有买。走出那里，我们打车穿越自由大道与贸易广场，来到预订好的酒店。

步入大厅，几名热情好客的葡萄牙女郎款步走来迎接我们，她们有棕色的眼睛、高高的鼻梁，个个明艳动人。女郎们微笑着拿出迎宾酒（葡萄牙特产波特酒）让我们品尝。

我并不好酒，然而铲铲一见到酒便丢了魂儿，他说这酒是葡萄牙“国粹”，非要我尝一下。于是，我举起一小杯波特酒，对着阳光轻轻晃动，只见红棕色液体在杯底跳舞，闪耀着琥珀般醉人光泽。轻轻一闻，烤坚果、焦糖、巧克力等香味伴随馥郁的酒香扑鼻而来，抿了一口，我发现这酒的味道极为独特。

比起我来，小淘和铲铲两人喝得更欢。特别是铲铲，一连喝下好几杯，还嚷嚷着：“我还要，我还要！”他嘴角挂着的已经分不清是酒还是口水了。由于昨晚在列车上没睡好，加上喝了酒，人又累又晕，我们当天便在酒店休息，没有出去淘币。

第二天养足精神后，我们来到当地某个旧货市场，开始寻寻觅觅。首先淘到的是几枚葡萄牙铁炮纪念币（图 1），它们个头不小，年代不远，价格不贵。这是 1993 年葡萄牙为了纪念铁炮（即老式步枪）输入日本 450 周年发行的一种面值为 200 埃斯库多（escudo）铜镍材质的纪念币，数量在 100 万枚左右。只见该币正面印有葡萄牙国徽和葡萄牙人开辟至东方的海上之路图案，背面为一个骑兵手执步枪瞄准的姿势，并写有“铁炮”二字和“ESPINGARDA 1543-1575”字样。本想再淘点钱币，但我们发现这个市场主要以老旧包包、手表、服装和各类摆件为主（国内称二奢或中古物品），很少有钱币，不免有些失望。

图 1 葡萄牙铁炮纪念币

暮色很快降临，里斯本街头灯火阑珊，下起一场细雨，古老街道上处处散发着迷人的情调。小淘、铲铲和我坐上一辆色彩斑斓的老式轨道电车，它载着我们在街头缓缓行驶，车铃声当当不绝于耳，听得我们恍如隔世。

里斯本如一本旧书，泛黄纸页和精致书签虽已经有些褪色，但里面的故事依旧引人入胜，我发现自己已经爱上了这里。对此，小淘和铲铲也有同感，因为他们早已被随处可见的美食与美女所吸引，无法自拔。既然如此，那我们就去继续玩耍、继续淘宝吧。

东寻西问，我们打听到海边有个古旧品夜市，于是决定去看看。铲铲提议，先吃饱喝足再去逛市场，我和小淘怕他喝酒误事，没有同意。不久后，我们打车赶到，缓步走在海滨。大西洋的海风扑面而来，眼前分布着零零散散的夜市小摊。令我们惊喜的是，在几处摊位上有不少埃斯库多和其他钱币品种。

埃斯库多是葡萄牙的官方货币，一般分为硬币与纸币（图2和图3）。在葡萄牙1910年革命爆发后，它便逐渐成为主要流通货币，在葡萄牙语中意为“盾”。

图2 葡萄牙埃斯库多硬币

图3 葡萄牙埃斯库多纸币

1999年1月，葡萄牙加入欧元区，开始普遍采用欧元。直至2002年2月，埃斯库多正式退出流通市场，成为往昔的记忆。如今，它具有一定的历史文化价值和艺术收藏价值。

在两个摊位上，我们淘到了面值分别为1、5、10、25、50、100的埃斯库多硬币，它们差不多可以凑成一套了。我们还淘了分别印有葡萄牙女王圣·伊丽莎白头像、航海家瓦斯科·达·伽马头像、北部港口城市波尔图景色的埃斯库多纸币，以及一些其他南欧钱币。没想到，在不起眼的海滨小摊上能淘到品种多、价又实惠的各种钱币，这对我们来说实在是一种恩赐。

此外，我们竟然还发现了一枚古老的葡萄牙“十字金币”（图4），很多中世纪葡萄牙金币、银币（图5）上都带有十字图形，据说可能是基督教十字架的含义。这枚“十字金币”设计独特、铸工精美，虽历经数百年沧桑，但金黄色泽依旧十分诱人，背面有个醒目的十字架。据说它铸造于15世纪的阿方索五世时期，如今非常少见。

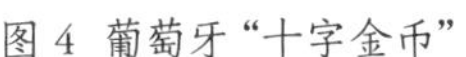

图4 葡萄牙“十字金币”

图5 葡萄牙银币

铲铲一见到金币就两眼放光，口水直流，小淘则用文青腔调反复念叨着：“这币，太厉害了，太厉害了！”虽然我们都一心想拿下它，但价格实在太恐怖，几次还价卖家都不让步，最后只好放弃这枚“十字金币”，尽管有多么不甘心。

淘完钱币，我们找了家小餐馆吃饭，铲铲饿得早已按捺不住，什么奶油焗鳕鱼、咖喱菜、腌猪肉、葡式蛋挞，狂饮暴食了一通，加上几瓶波特酒下肚，他喝得酩酊大醉，嘴里不停地叫着：“我的金币呢？我的金币呢？”看来铲铲还在心心念念着它，于是小淘拖着他先回酒店睡觉了。我带着些许醉意，独自漫步海边。微风轻拂，夜景璀璨，海面隐隐泛起如葡萄酒色泽一般迷人的微波。此刻的里斯本，又何尝不是一桶浓醇甘洌的美酒，让人沉醉其中呢。

第三章

莫笑少年江湖梦，谁不年少梦江湖。

钱币的江湖，总是变幻莫测，我们混迹其中，想要玩好、玩精、玩出彩，不仅要具备江湖经验，还需要知识、眼力、胆识与财力，或许还得加上天赋与幸运之神的眷顾。

当下，钱币资源的稀缺、藏品的出圈、新人的涌入、资本的加持、直播带货的火热、盒子币与评级公司的兴起、高科技仿品的干扰等，正不断冲击和刷新着我们的思想与认知。那么，在江湖风云变幻、理念不断更替、经营日新月异的“后收藏时代”，我们如何才能将钱币文化更好地传承与发扬下去呢？

报国寺，我们又来了

一个萧瑟秋日，我与几位同好重游报国寺。漫步寺内，人迹寥寥，没有了往日的地摊成群和人流熙攘，只剩下参天古木和缤纷枝叶，一缕缕阳光洒向石桌石椅，红墙黛瓦上映射出或暗或明的斑驳光影，使这座千年古刹显得越发低调而静谧。

若非亲身经历，你一定无法相信这里曾经是人气火爆、奇珍出没的古玩市场。此刻，我的思绪不禁飘飞到过往岁月。诚然，与潘家园、琉璃厂等相比，报国寺的名气不如它们，但更接地气。它位于北京市西城区报国寺前街 1 号，始建于辽代，原名“双松寺”，忽必烈为彰显将士功绩遂改为“报国寺”（图 1）。千百年来，报国寺曾几度损毁，又几经修缮，并逐渐成为北京历史最悠久的古玩市场之一，吸引着众多文人墨客。比如，明末著名思想家顾炎武曾寓居在寺内，平时逛市场、写著作，乐在其中，清初诗人王士祯、孔尚任等也都是这里的淘宝常客。

图 1 报国寺牌坊

20世纪末，报国寺是古钱币、银元、纸币、古旧书、邮票、徽章、杂件等多项藏品经营与交流的场所（图2）。正所谓“周四逛报国寺，周末去潘家园”，这已成为许多文玩爱好者约定俗成的一种习惯。

图2 报国寺摊位

对于我们广大泉友来说，报国寺的地位更是举足轻重。作为全国钱币收藏最大的集散中心，它一直是市场行情的晴雨表、学术理论的传播地、捡漏钱币的实战场，堪称泉友们心中的清华北大，是名副其实的泉界圣地。一些泉友哪怕只去过一次，即使没淘到什么干货，只要能感受那里的氛围，逛一逛报国寺内的中国钱币馆（图3），也会觉得了无遗憾。

说来惭愧，我去报国寺的次数屈指可数，然而每次都记忆犹新。在寺院里，经常密密匝匝挤满上千个摊位，连院门口、外面夹道、周边胡同里，也驻扎着数不清的地摊。随便一个摆摊的人，就有可能是某位藏家大咖；随便一个逛摊的人，就有可能是专家学者。有时，你可以借机“献宝”，让这些内行、名家给自己淘换来的宝贝掌掌眼、把把关，既鉴定了真伪，又增长了知识。

我还发现，越是位置不起眼的摊位，往往越有可能出现大珍大漏。记得好几次，我在厕所门口几处地摊上发现了一些古泉大名誉品，比如咸丰元宝星月当千母钱、祺祥重宝当十样钱、王莽国宝金匮直五千等，实为大饱眼福。当然，既然是古玩市场，那必定鱼龙混杂，其中也有不少仿品赝品，正好可以磨炼大家的眼力。

图 3 报国寺内的中国钱币馆

此时，一阵风吹过，古树沙沙作响，数片晕黄银杏叶飘落，我不经意踩在上面，昔日记忆又在脑海里徐徐翻腾。那时的我们，逛地摊、玩钱币、聊收藏、吹牛皮，总是没心没肺地笑着，没完没了地淘着，即使废寝忘食、囊中羞涩，或是买贵吃药，也乐此不疲，无问西东。

累了，就在枝繁叶茂的树下打个盹，醒了继续淘宝；渴了，就找个店铺讨碗茶喝，解了渴继续撸币；每当兜里有钱的时候，就买上几份驴肉火烧，吃起来特别香；没钱的时候，随便弄个饼夹上两根大葱啃啃，也能填饱肚子。

这真是一段无法重来的黄金岁月啊。

时光荏苒，报国寺培养出一批批钱币理论精英、实战行家、泉商大佬，更圆了无数年轻泉友的钱币收藏梦。

然而，这些都永远成为记忆。由于文玩市场喧嚣嘈杂的氛围与千年宝刹的文物保护要求相矛盾，从 2015 年起，经营了 20 余年的报国寺收藏市场先被取消了地摊，后又被要求停业，商户们也陆续退出，如今基本看不到他们的身影，市场已然化为尘封的历史。不少一直想去却没时间去的泉友，再也没有机会去了。

如今的寺里，恬静得让人陌生。仿佛 20 多年来，那些集市与摊位、如织的人流、无数的古玩、火热的交易、不羁的探讨、繁荣的景象，都如从未发生过一般，只是做了一个黄粱梦。如此感触，让人不禁思考，莫非这繁华的世界、我们的人生也是如此？

前几天，我得知噩耗，一位熟识多年的泉友不幸患病离世，“70 后”的他英年早逝，让人不胜唏嘘。以前他常在报国寺练摊，我也曾与其交易过数次。他为人慷慨大方，颇有诚信，或许是年龄相仿，我们谈得颇为投机。去年我还见过他，不想今朝已成永别。

逝者如斯夫！我们永远无法预知明天与意外究竟哪个会先来到。就如同消失的报国寺收藏市场和那位逝去的泉友，再也无法挽留，只剩破碎回忆。

风云变幻，世事无常。各位泉友，无论是钱币还是人生，都且行且珍惜吧。

探访古镇玩钱“原始部落”纪实

时值金秋，风和日丽，我随家人游览浙江某古镇（图 1），顺便走访了当地玩钱“原始部落”。

图 1 古镇风景

泉友南叔 60 来岁，是该“原始部落”的首领，但他以前的职业颇为特殊。寒暄几句后，他一边请我喝茶，一边向我娓娓道来。

几十年前，南叔以摇船为生，时常在小镇河道中来回穿梭，干些清淤除障、运送物品等杂活。在旁人眼里，他只是一个穷酸的摇船佬，但很少有人知道，他也有着自己的别样追求——玩钱币。年复一年，南叔从河道里打捞出不少古钱，这引起了他极大的好奇，一有空闲便把玩欣赏，他也逐渐成了一名泉痴。

当时，南叔有几个划船的同行，他们也收到过一些钱币，却并不在意。

“玩钱币嘛，属于小儿科，没什么前途。”其中一位老哥说道。

“咱没啥文化，玩什么钱币呢，不玩。”另一位老哥吐槽。

于是乎，在这些划船老哥中，只有南叔喜爱钱币，并坚持了下来。

南叔发现，河里的钱币年代不一样，颜色也各异，有的竟然泛着金色光泽，十分漂亮。其品种以北宋小平、折二以及明钱、清钱居多，虽不值钱，但他依然喜欢。因为他觉得玩钱币并不是非要一掷千金，买下泉品重器，玩玩普通钱币，学学历史知识，同样也很快乐。比如，出水的元祐通宝，传说是大文豪苏东坡书写的钱文。南叔把它们清理干净，又装帧妥当，做成礼品，既馈赠了亲友，又传播了祖国文化，难道这样做不好吗？

无数个清晨与黄昏，南叔穿梭于古朴河道，在晨光里、夕阳下、风雨中，他摇船的清瘦背影很是孤单，融入这水墨般的小镇画卷中，显得格外凄美。

步入 21 世纪，人民的生活越来越好，许多村镇都发生了巨变，南叔所在的小镇也不例外。小镇充分利用老民居和水文化的优势，因地制宜打造成了古镇，发展起旅游业，还建了古玩店（图 2），一年四季前来光顾的游客不少。

图 2 古玩店

于是，南叔也不用再风吹日晒辛苦地划船了。由于他的房子刚好沿街，是大多数游客的必经之处，南叔便开起小铺子，卖点茶水饮料、当地特产等，还包括一些杂货，当然也少不了他的最爱——历代钱币。

南叔的铺子，除了一般顾客外，隔三岔五总有嘉宾前来雅聚。其实所谓的嘉宾，都是当地五六十岁，甚至六七十岁的老大爷，一般少则五六人，多则十几人，他们有的是收旧货的，有的是做装修的，有的则是来蹭茶喝、凑热闹的。他们大多不通晓网络，不玩盒子币，不清楚价格，更不懂评级。

就这样，一个玩钱币的“原始部落”便形成了。因为没有专业泉商，交易大都凭着良心和喜好，所以不少钱币都是白菜价。由于南叔玩钱资格老、经验足，加上为人热情、勤劳又实在，便逐渐成为“部落首领”。

通常，一帮老爷子喝喝茶、聊聊天、撸撸币，照样能玩得不亦乐乎。“喏，我前两天收到的房梁顺治（图 3），你们看，这几枚是黑包公，那几枚是阴阳脸（摆放位置与环境不同，导致房梁钱外观不同），味道不错吧？”其中一位老哥得意地说。

“这有啥稀奇！看我最新淘来的发禄（由多枚铜钱组合成一定图形的民俗物件，多见于江浙地区），这手艺编得多好啊，几十枚清一色的康熙（图 4），漂亮吧？里面还有一枚罗汉钱呢！”南哥不甘示弱地说道。

图 3 房梁钱

图 4 发禄钱

“我喜欢房梁顺治。”

“发禄康熙更好！”

大家你一句我一句地聊上了。正所谓人多嘴杂，即使有时候会说些不搭边际的话，也无伤大雅，大家依旧如此开心。

其实，南叔和这些老哥十几年前就玩顺治康熙了，可如今还在玩顺治康熙。对此，有些泉友可能要问，难道他们不会感到枯燥乏味吗？

不会，真的不会！即使再过 5 年、10 年，甚至更久，等到南叔他们七老八十了，依旧会玩得那么简单、那么开心，因为这是真爱！

如果说，抛开钱币价值与稀有程度，单从钱币本身而言，一枚普通康熙通宝和一枚六字刀给我们带来的快乐几乎是相同的。我看着这群可爱的老哥，感到他们玩普品钱币尚能如此开心，而自己呢，玩钱币总是不知足。比如有了咸丰普品当千，又一心想要咸丰星月当千，有了四字刀，偏偏又想要五字刀、六字刀，一旦求之不得，便忧心忡忡、烦躁不安起来。如此心态，与南叔他们比起来，有些相形见绌了。

是的，他们没有值得骄傲的名誉泉品，没有玩得很溜的网络渠道，没有赚得盆满钵满的营销技能。但这是否就能说明，我玩钱币一定比他们成功？我看未必。

从某种角度来讲，他们反而比我快乐，比我成功。因为他们玩钱币玩得很原始、很真实、很纯粹，因为喜欢，所以快乐，如此足矣。

既然玩钱币如此，想必我们的人生也是如此吧。

或许，人生成功的标准只有一个，那就是：用自己喜爱的方式，去努力过完这一生。

那些玩钱币付出的“代价”

一

泉友小光虽年纪轻轻，在古钱收藏上却成就不小，他深谙泉学，眼力不凡，精品多多，珍品不少。泉友们对他纷纷投以羡慕眼光，然而小光心里很清楚，这一切得归功于自己的爷爷。

原来，在小光读小学时，城里的生活节奏还比较慢，车辆不堵人又少，爷爷常带他去一些老城墙、运河边、工地上玩耍，他总会见到一些民工摆着地摊在卖古钱，它们有的是旧城改造出土的，有的是从河里或湖里打捞上来的（图 1）。

图 1 水坑古钱币

顿时，小光被那些锈色斑驳、离奇古怪的钱币深深吸引住，久久不能离去。爷爷看到小光这么喜爱古钱，为了支持孙子的爱好，便掏钱买了几枚钱币送他，小光开心极了。后来一次又一次，爷爷给小光买了不少古钱，他越玩越好奇，想了解钱币背后的历史知识。于是，爷爷为了给他买一本《历代古钱图说》，曾几乎跑遍城里所有书店；为了能认识某位老藏家，曾冒着狂风暴雨，几次带小光登门拜访；听闻某地有钱币新发现，爷爷又带小光坐火车，日夜兼程赶往。这些感人至深的经历，一直深藏小光心底，至今记忆犹新。

逐渐地，小光的钱币越来越多，而且越买越贵，但大部分都是爷爷掏钱的。爷爷年事已高，身体又不算好，但仍不顾一切，将自己养老看病的积蓄几乎都用来给小光买钱币。于是，在爷爷的大力支持下，小光很快收获了一些品相好、数量少、价值较高的古钱名誉品种。看着一枚枚宝贝古泉到手，他那种兴奋与激动之情简直无法形容。

可世事难料，后来爷爷患病，因缺钱医治，不久便去世了。爷爷的离去让小光十分伤心、内疚与后悔。为了玩钱币，他痛失深爱着他的亲人，可谓付出了巨大代价。

如今，爷爷已离去多年，小光一直十分感激与怀念他。每当他把玩起自己的钱币藏品时，爷爷的音容笑貌便会浮现在眼前，好像一直都没离开过他一样。

二

泉友小常曾经是一名公务员，这种稳定的工作，饱食终日，又旱涝保收，大家自然是十分羡慕的。然而，小常却不这样认为，千篇一律的单调日子，缺乏新鲜感和挑战性，体制内的身份有诸多不便，又错失了很多玩钱币的良机。他开始焦虑，不想就这样一天天老去，直到退休。于是，他有了“裸辞”的打算。

“裸辞”，是需要一定勇气的，特别是对于公务员这样的工作，如果没有很大决心，是断然做不出这个决定的。“这里没有我的舞台，我要去寻找自己梦想。”终于有一天，他毅然向领导递交了辞呈。

因为辞职，小常不仅没了收入来源，而且连女朋友也和他分了手。昔日大家眼中的优质男、潜力股，一下子沦为无业仔、单身狗。这种巨大落差连他自己也有些不适应。

对此，亲戚朋友们都觉得可惜，父母更是不解，少不了对他的埋怨和责备。有人说他傻，有人说他不务正业，有人说他不知好歹。总之，他就这样活在大家的嘲笑与非议中。

然而，小常并没有灰心丧气，他调整心态，慢慢复活了过来，因为他一直坚信，有梦想就有未来。

没了工作，却有了自由；没了收入，却有了时间。小常很快开启搜货模式，他利用平日积累的人脉资源，走南闯北，到处铲地皮、收老货，什么报国寺、潘家园、二百大、夫子庙等古玩集散地，他都是常客。而且他不仅收钱币，还收瓷器杂件等，每天忙得不亦乐乎。

或许是老天的垂青，或许是选择的正确，接下来几年，钱币投资与经营进入了黄金期，小常凭借前期的收获，加上自己的投资天赋，玩得风生水起，赚得盆满钵满。

很快，小常开起了实体店，当上了小老板，他的人生如同开挂了一般，不可阻挡。这种逆袭的模式让旁人羡慕不已，连父母和亲朋好友也逐渐改变了对他的看法。

然而，正当他要把事业更上一层楼的时候，却暴发了疫情。受其干扰，许多行业都影响不小，其中有些已倒闭或濒临倒闭。小常跑一线铲地皮也多次受阻，年收入开始下滑，经营钱币不如以前了。生意不顺，再加上至今未婚，亲戚朋友的闲言碎语便又多了起来。

但是，小常对此看得很开，他说："十年河东，十年河西，有得必有失，又何必在意呢。"

看来，在江湖中闯荡过的人，心态与境界就是和以前不一样啊。

三

藏家老孔是一个名副其实的泉痴，他经营着一家规模不小的民营钱币博物馆。该馆藏品丰富，以捐赠形式登记在册的历代钱币就达上万枚，其中包括王莽金错刀、六泉十布全套、篆书徐天启通宝、南宋五十两金锭等镇馆之宝，它们都是响彻泉坛的古泉名珍，让多少泉友垂涎欲滴。

钱币馆作为全市成立的首批民营博物馆，曾先后获得省科普教育试点、AAAA 级中国社会组织、区中小学生爱国主义教育示范基地等各项殊荣。近年来，国家加大对文化产业的扶持力度，钱币馆受到省市领导的加倍重视。平日里，前来参观交流的人数不断增加，作为馆长，老孔更是频频接受各种媒体的采访与报道，一时风光无限。早已年过花甲的他，在自己的钱币事业中焕发了生机，实在让人艳羡不已。他无疑是玩泉人中的佼佼者，大家仰视膜拜的“大神”。

然而，正所谓有得必有失，在这些光环背后，恐怕很少有人知道，大部分馆藏钱币是他花费巨大代价才换来的。

原来早年前，老孔拥有一套数百平方、地段不错的别墅，是人们眼中的成功人士。他自然知道别墅的价值和来之不易，但因为无法抵挡自己对祖国钱币文化的热爱与痴迷，加上当时旧城改造，出土和发现了大量历代钱币，他毅然决然地卖掉别墅，买下大量钱币，开起这家民营博物馆。

时光飞逝，一晃 20 多年过去了，房价普遍水涨船高，当年那套百来万卖掉的别墅，如今价值早已高达数千万。

老孔有时回想此事，也会觉得当时卖了的确有些可惜，可人生就是如此，鱼和熊掌，你只能选择一个。以一套别墅为代价换来自己最爱的钱币，他认为还是值得的。

然而,在抉择背后还是埋下了隐患的种子。原来,对卖掉别墅这件事,老孔妻子的内心并不支持，只是嘴上没说而已。毕竟眼睁睁看着一套价值不菲的豪宅变成别人的东西，恐怕绝大多数人都会于心不忍。加上多年来老孔一心扑在事业上，既要经营打理整个博物馆，又要忙着著书立说，实现自己钱币学家的梦想，实在没有太多时间和精力花在家庭上。于是，养育孩子和照顾老人等重任就落在了妻子身上，时间一久，她心里难免产生不满与抱怨，而情绪又无处释放，日积月累，便患上了抑郁症和狂躁症，有时郁郁寡欢，有时脾气暴躁，喜怒无常。老孔十分担心，几次带她去看医生，但仍未见好转。

对此，老孔时常愧疚与自责。钱币与家庭究竟孰轻孰重，理想与亲情又该何去何从，也许他始终无法权衡好这些关系，他不禁扪心自问：难道真的是自己做错了吗？

或许，以上这一切就是玩钱币必须付出的代价吧。毕竟，每个人的命运都不同。在漫漫玩泉路上,我们所付出的代价又会有怎样的差异呢？

玩钱币：我们很佛系?

如今，钱币出圈了，越来越多的新人关注钱币、购买钱币、收藏钱币。在巨大资本市场的驱使下，直播卖货、短视频快速变现已蔚然成风。在这种大环境下，我们玩钱币似乎很难守住初心，但仍有那么一些泉友，玩钱币依旧能做到很淡定、很佛系。

一

泉友小崔年轻气盛，玩钱币总是心高气傲，觉得必须要得到它才算圆满，平时喜欢拿着自认为很厉害的钱币在别人面前显摆。记得有一次，小崔好不容易收获一枚元末起义军领袖张士诚的天佑通宝（图 1），便迫不及待向一位泉友炫耀。

小崔得意地问他："怎么样? 好东西吧，牛不牛? 哈哈。"

图 1 天佑通宝

本以为会获得几句称赞，没想到这位老哥淡定地说："嗯，也没什么稀奇的，我到博物馆里照样能看到它们，也一样有快感，只不过你饱了手福而已，有什么了不起，我追求的是精神享受，足矣！"

他这几句话，说得小崔一时语塞，好一会儿才回过神来。

小崔仔细想来，发觉此话不无道理。从某种角度来说，这位泉友的境界甚至比自己更高。因为他玩钱币很佛系、很随缘、很快乐。

二

前段时间，康熙罗汉钱（图 2）很吃香，价格一度飙升，并且传言还会上涨，泉友阿建此时高价接盘，囤了不少，本想赚一笔，结果却被套牢了。

对此，泉友们纷纷感慨，说他买得不值。

然而，他的回答很佛系：“是的，我也知道买贵了。不过没关系，我愿意等待，用时间来弥补损失，再过几年，也不考虑什么通货膨胀，它们说不定就能够涨回来。”

图 2 康熙罗汉钱

三

如今的市场，几乎每时每刻都有新的钱币赝品流入，这一批批“毒药”使不少泉友中招。

泉友小陈入手了一批花钱，其中有双龙镂空花钱（图 3）等品种，都是热门货，他看着挺“开门”，价格又这么香，便立马买下了。可后

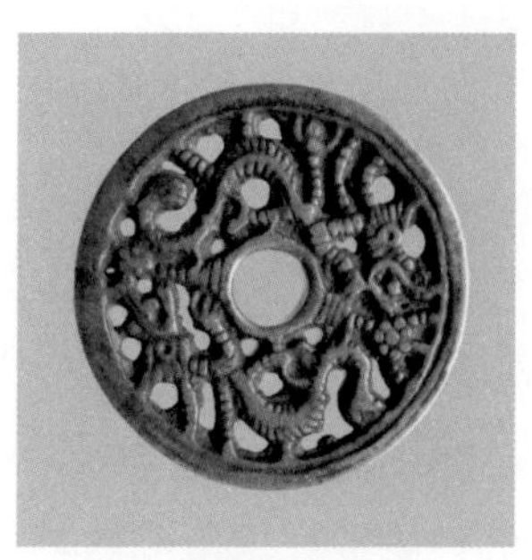

图 3 双龙镂空花钱

来一鉴定，都是高仿。这些钱，做得可谓乱真，的确杀伤力极大，难怪他会上当。

本以为小陈会受此打击，一蹶不振，但向来佛系的他，并没有感到后悔，反而坦然一笑道：“这些东西虽假，但通过它们，我上了生动形象的一课，学到了书本里学不到的知识与技能，觉得不亏，反而挺值的。再者，即使是钱币仿品、赝品，从某种程度上说，它们也是具有收藏与研究价值的。”

玩钱币，有如此心态，如此佛系，实属难得。

四

我们玩钱币，可谓各有各的追求。有的泉友豪掷千金，购得心爱的清代钱币（图 4）；有的泉友高位出货，赚得盆满钵满；有的泉友直播带货，圈粉无数，追逐流量红利，野心勃勃。

图 4 清代钱币

俗话说：“天下熙熙，皆为利来；天下攘攘，皆为利往。”作为玩钱人，追求利益也无可厚非，但也有一些泉友，他们往往很另类、很个性、很佛系。

我认识一位老哥，他玩泉数十载，阅钱无数，也阅人无数，如今他将自己闯荡钱币江湖的种种经历和经验写成了书，自己掏钱，出版发行，甚至亏了数万元也无怨无悔。对此，不少泉友觉得不值得。然而，这位老哥却佛系地回答：“自己出书嘛，一般都是亏钱的，这个我心里有数。其实也无所谓，我纯粹是为了这份情怀，赚不赚钱并不重要。”

更可敬的是，在这本书里他连一个真实姓名都不愿留下。如此不为名、不为利，不惜代价只为传播与传承钱币文化的精神境界，着实让我们敬佩。

五

其实，诸如此类的佛系泉友还有不少。他们有的藏品平平，却也能玩得不亦乐乎；有的手头拮据，买不起好钱币，平时翻翻泉谱，逛逛博物馆，也能有快感，甚至还很满足。

这些可爱的泉友将“随遇而安”的道理有效地践行到玩钱币中。他们喜欢一边玩币，一边三分调侃、七分从容地自我消遣。在不知不觉中，将自己的欲望巧妙地转化为积极的能量，同时看淡结果，内心坦然。这种佛系性情，摆脱了各种矛盾和焦虑，使自己成为真正快乐的玩泉人。

可见，佛系是一种品格，可以沉淀浮躁；佛系是一种智慧，能感悟收藏江湖的大慈大悲；佛系，使我们的所想所见所闻更清晰，一切安然，不增不减，在喧嚣浮躁中，温柔地聆听泉币世界的天籁之音。

六

天南海北，泉友众多，大家想法不同，观点不一，境界格局各异，玩钱币也就各有不同。当然了，我们不一定非要佛系才行。但我认为，无论何时、何地、何境，我们都应保持一种好心态、一种宠辱不惊的高境界。玩钱币，玩的是文化与心态，不仅仅只是获取与拥有，有时放弃与失去也是一种获得。

“你见证历史，我转瞬即逝；你历经千年，我过眼云烟。”这句话，道明了我们和钱币的微妙关系。毕竟，钱币千年不灭，生命却很短暂，我们的一辈子只不过做了钱币的搬运工，并非真正拥有了它们。既然如此，又何必过于执着、束缚自我呢？

佛系玩钱，真我性情，快意人生，岂不美哉？

玩钱币：一场似赌非赌的游戏？（一）

我们大多数泉友玩钱币，除了收藏自娱外，往往也会买卖经营，以藏养藏。

玩钱币，其实也是一种博弈，还包含一点小小赌的成分。如果你眼光独到，了解钱币的历史背景、稀少程度、价值高低等，或能预见行情走向，就有可能捡到漏，也能在拍卖会上以小博大，买到好东西；反之，如果眼力不济、知识匮乏、运气又背，那往往就会吃亏上当。

一

数年前，南宋钱币还没有像现在这样热门。泉友小安酷爱南宋钱，他看中了南宋高宗赵构的绍兴钱币，那个时候别人纷纷买清钱、明钱，追热门品种，他却保持初心，执着地买着自己的绍兴钱。

坚持的力量是可怕的，通过一枚枚的搜罗、一串串的囤积，日积月累后，小安已拥有了上千枚绍兴钱币，而且大多数品相好、字口正、锈色美。他希望自己的情怀与毅力有朝一日能带来回报。

近年来，南宋钱币终于迎来了春天，成为比较热门的收藏品种，越来越多的藏友争相购买和收藏，其价格自然水涨船高。

绍兴元宝和通宝（图 1），作为南宋代表性钱币之一，其钱文丰富、品类繁多，距今已有 800 多年历史，又是高宗皇帝赵构改越州府为绍兴府的实物见证，它们承载着“绍祚中兴”的追梦理想。

一枚品相端好的普品绍兴折二钱，已从昔日的几元、十几元，升值到如今的大几十元、上百元，甚至更高。小安见时机已成熟，便售出了一些品相不错的绍兴钱币，获得了不菲的收益。他不禁感慨：玩钱币，我赌的就是情怀。

图 1 南宋绍兴通宝

二

新冠疫情暴发以来，不少行业形势不景气，运转颇为艰难，有些店铺甚至关门歇业。此时，钱币行情也是扑朔迷离，变数较大，所以很多泉友吃不准，纷纷都持观望态度，不敢在此时大量入手或卖出。泉友无法逛市场、铲地皮，通常只能窝在家里，上上网、吹吹牛、发发呆。

然而，泉友阿坤颇具胆识，他将眼光瞅准了老银元与银锭，认为它们会大有前途。因为相对于古代铜钱之朴拙粗鄙，老银元与银锭大多铸工精良、图案精美，且属于贵金属，无论在工艺上还是设计上，古代铜钱都无法与其相提并论。在新时代，这种艺术之美必然会吸引越来越多的人，特别是一些群众基础好的品种，如袁大头、孙小头、唐继尧银元等，不但不受疫情影响，价格依旧坚挺，而且很可能会迎来新一波涨幅。

于是，他抓住这个时机，该出手时就出手，投资了几个常见的银元品种，比如袁大头，600 多元一枚，他一下子入手了数百枚，随后抛掉，每个卖了 1300 多元，整整翻了 1 倍有余。

这场游戏，玩得真是不亦乐乎！

三

泉友阿杰玩钱币一向眼光较准，往往是投资什么就赚什么，可最近不知怎么回事，运气有些背。前些天，他投资了一批王莽钱币“货布”（图 2），币品虽过得去，但价格较高，他咬咬牙扛了下来。

阿杰选择货布自然有他的道理。货布，系王莽代表性铸币之一，其造型奇特，书体悬针篆，潇洒俊逸，铜质精良，美不胜收。许多银行、金融机构都用货布图案作为行业标记。在早期人民币的水印底纹中，也能看到此币的造型，它堪称中国古钱币的“形象大使”。

图 2 货布

同时，货布又是象征财运的吉祥钱。古往今来，人们常用它作为祝寿时的挂杖钱、结婚大礼上的撒帐钱、出嫁用的压箱钱，一些文人用它当扇坠，一些老人将它挂在烟荷包上。在一些地区，百姓在建房、建墓之时，喜欢选上几枚货布埋于地下，祈祷能为后人带来好运。因此，阿杰认为它是硬通货，蕴含民俗意义，又很接地气，随着钱币出圈，新手不断涌入，喜欢它的人会越来越多，该钱势必会迎来新一波上扬行情。

可世事难料，最近货布在某些地方有批量发现，影响了总体行情，导致单枚价格也跌了。如今的价格比他的进价要低不少，阿杰被套得死死的。他不免感叹：“人算不如天算啊！”

四

中国航天纪念币（图 3）是中国人民银行于 2015 年 11 月发行的航天主题纪念币，其面值 10 元，材质为铜合金，正面图案为国徽，背面为神舟九号对接航天器画面，此币铸工精良，美观大方。

这款航天币，曾一度被誉为“黑马”，在火热时期市场价涨到 60 元上下。当时，不少泉友大量买入，小季就是其中之一。他进价 40 多元一枚，一直期盼着可以出手。可泉市风云变幻，难以预料。之后不久，航天币很快跌下“神坛”,风光不再,如今价格已跌至十几元,实在让人唏嘘不已。

变化来得太快，小季没有在高位及时出手，一不留神，昔日的黑马变成了烫手山芋。每天看着家中这么一堆航天币，小季望币兴叹，哭笑不得。或许，他只能傻傻等待，祈祷航天币能有再次回暖的一天了。

图 3 中国航天纪念币

不仅仅是钱币圈，整个世界也如同一个巨大的赌场，我们每个人都修行其间，时而欢笑，时而哭泣，时而愤怒，时而疯狂，这才是百味人生。

玩钱币：一场似赌非赌的游戏？（二）

在钱币圈，有一种玩法叫作“开筒子”（也叫“砸筒子”），颇具吸引力，很多泉友都热衷于此，想以小博大，捡漏逆袭，成为赢家。

某些钱币由于被土壤或溶液长期包裹、浸泡，粘连在了一起，少则数枚，多则十几枚、几十枚，甚至更多，因为看着比较像竹筒子，于是业内便称这种钱为“筒子钱”（图 1）。

图 1 筒子钱

开筒子的乐趣在于，你不知道粘在一起的钱币是什么，直到它们被分开清理时才能真相大白。有时运气好，便会发现好钱甚至珍品，此时的兴奋与开心就像中了彩票一样，让你终生难忘。

一

资深泉友荣哥染上开筒子的嗜好已经多年，每次开筒子，那叫一个过瘾，而且屡试不爽、无法自拔，因为这种玩法最能满足他性格中的“赌徒”心理。

遥想当年，钱币发现数量较多，所以遇到筒子钱也并不稀奇。荣哥经手过不少种类的筒子，如秦朝半两筒子、西汉五铢筒子（图2）、北宋小平筒子、南宋筒子、清代筒子、安南钱筒子等，还包括战国燕明刀币筒子。开筒子的方法，一般有拍摔法（与硬物撞击）、撬开法（用刻刀等工具撬开）等。

图2 西汉五铢筒子

记得那时，一斤宋钱筒子才百来元，坑口好的也才数百元。有几次运气好，还能开出宋元铁母、崇宁小平、政和文政之类的钱币。由于买来成本不高，所以一般来说总能赚到。如果走了大运，还会开出重和通宝、宣和元宝甚至靖康通宝等名誉品，那真是四两拨千斤的大漏啊。

如今筒子钱少了，荣哥虽一无所获，但仍“赌性不改”，依然期盼着好运能眷顾他，相信总有一款筒子适合自己，也终将能够遇到出彩的好筒子。

二

钱币新人小科，也被传得神乎其神的“开筒子捡大漏”深深吸引，心里很是痒痒，认为玩钱币有捷径可走，于是打算放手一搏。

然而，筒子钱价格早已水涨船高，比如一斤清代筒子要卖上千元甚至数千元。他咬咬牙买了一批，心想：“既然别人的宋筒子能砸出靖康元宝（图 3）来，那么我的清筒子也能砸出个祺祥重宝，再怎么差，太平天国圣宝小平钱（图 4）总有的吧？”

图 3 靖康元宝

图 4 太平天国圣宝小平钱

小科迫不及待地开始动手，每开启一枚钱币，都期待着奇迹会发生。可是砸完后，他大失所望，不但没见到好钱，而且发现它们是不良商贩用胶水故意粘出来的假筒子，大多是些残次普通品种，根本不值几个钱，有些还是仿品。

“眼睁睁看着人家捡漏赚钱，自己却吃药买贵。”他叹息不已。

三

开筒子，应该算是玩钱币中最具赌性的项目了，毕竟趋利是人的本性之一，面对如此巨大的钱币资本市场，又有谁不心动呢？

而有些人正是利用泉友这种“赌一把”的心态，趁着这股风口赚得盆满钵满。如今，花上万元买的筒子钱，都不一定能开出千元的东西。更有甚者用假筒子蒙骗新人，唯利是图。

玩筒子钱这场游戏，既是赌财力、赌运气，更是赌心态、赌格局。花费平均几元钱一枚的成本就能开出上万元大漏的日子，估计一去不复返了。

值得提醒的是，法律规定新出的筒子是不能碰的，所以泉友们在玩钱币追梦想的同时，要有原则、守底线，坚持理性收藏，努力做个遵纪守法的好公民。

玩钱币：是你的一种生活方式吗？

玩钱币，是理想？是爱好？是情怀？是信仰？是职业？还是一种生活方式？

一

“90后”泉友小思不仅喜欢收藏钱币，还酷爱学习各种历史与钱币知识。这不，每天哪怕再忙，他都会抽出时间来阅读一些有关钱币的图书，有时花费一刻钟，有时则大半小时，时间虽短，却从不间断。

他说：“现在，像我们这样的年轻人，工作、生活压力大，平时一般都很忙，可能没有大块时间来看书学习。但只要我们善于抓住零星时间，同样可以给自己充电，如果能把这种生活方式坚持下去，那么一定会有出乎意料的效果。”

无论是早期古籍还是现代著作，只要涉及钱币方面，小思都感兴趣。日积月累，他已读完不少钱币类书籍，从《中国货币史》到《历代古钱图说》，从《货币战争》到《古钱币鉴藏》，从《三千年来谁铸币》到《那些年，那些钱》，可以说每一本都让他有所收获。

因为有了丰富知识的加持，如今的他，玩起钱币如有神助，不仅眼光准了，不再吃药买假，还捡了漏。这样的生活方式，真是多姿多彩。

二

每个星期六清早，“50后”泉友来叔都会去当地民间收藏品市场赶集淘宝，这是他几十年不变的生活方式，并一直乐此不疲。

因为家住郊区，离市场远，所以一到星期六，天才蒙蒙亮，来叔就起床了，骑自行车赶到车站，坐公交车到站后，再步行一段路，才能到市场。为了节省时间与开支，他还时常自备水和干粮。

有些泉友见来叔一大把年纪了，腿脚不利索还如此卖力，便问他苦不苦、累不累。没想到，他很豪爽地回答："既不苦也不累。俗话说，早起的鸟儿有虫吃。赶早市的习惯，不仅让我锻炼了身体，还让我成为这种生活方式的直接受益者。"

不得不承认，来叔有不少让同行羡慕的钱币藏品，这些藏品都是他赶早从市场上淘到的，还记得：12 年前，一个雾蒙蒙的清晨，他收获了自己的第一枚齐大刀；10 年前，一个大雨滂沱的早上，他在市场某角落淘到了龙凤通宝（图 1）；6 年前，一个寒风刺骨的日子，他逛地摊时，从外地泉商手里买到了靖康通宝；3 年前，一个雪花飘飞的黎明，他捡漏了南宋二十五两束腰银铤（图 2）。

图 1 龙凤通宝

图 2 南宋银铤

这些动人心弦的时刻，好像还有不少，他一直历历在目，如数家珍。来叔心想，说不定今年的某月某天某个时刻，又有命中注定的钱币会与他邂逅呢。对此，他总是怀着信心与期盼。

诚然，"赶早市逛摊"这种原始的玩钱方式，在如今钱币网络经营、直播带货的大环境下或许已跟不上时代的脚步了，但不夸张地说，如果有这样的生活方式与良好心态，那真的可以受益一辈子。

三

对于大多数上班族泉友来说，年休假总是令人期待的：有的泉友，做足了行程攻略，要去心仪已久的地方旅游度假；有的泉友，订了网红餐厅，选好各种美食，打算妥妥地当回吃货；有的泉友，要去溜娃逛街，参加各种培训辅导课；还有的泉友，想泡在网吧玩游戏，狠狠过一把瘾。

看来，不同的泉友，其度假方式也各有差异。泉友小浩的一天假期就比较特别。他的 5 天年假，4 天都安排满了，好不容易给自己留出一天空闲时间，他便选择待在家中，窝进沙发，玩玩钱币，喝喝茶。他取出平时收获的一枚枚钱币、一块块银锭（图 3），捣鼓把玩，翻看泉谱，对比版别，查验成色，掂量轻重，忘我地沉浸在自己的世界中。

然而他发现，和钱币在一起的时光过得飞快，不知不觉已是黄昏。钱币的魅力实在太大，一旦摩挲着、欣赏着，就不想再放手。

图 3 银锭

有人曾说过：如果你和一位漂亮姑娘聊天，那么一小时等于一分钟；如果把你放在火炉上烤，那么一分钟等于一小时。“这样看来，也难怪我每次玩钱币时间过得飞快，很快一天就没有了。原来我是在和漂亮姑娘聊天呀！”小浩美滋滋地想着。

对于他来说，这已经是完美的一天，也是最好的假期生活方式。

有泉友不禁问他：“玩钱币，这么苦、这么累，又困难重重，如果心中没有一份信念，想必是无法坚持下来的吧？”

对此，他坦然一笑说：“其实也不难，你只要把它当成是自己的一种习惯就可以了。比如我们每天要洗脸、刷牙、吃饭、睡觉，这些都是自然而然的行为，不需要刻意去提醒、去记忆。而玩钱币对我来说也一样，是自觉自发的，是一种不可或缺的生活方式。”

四

有位名人曾说过：没有什么比养成良好的习惯、形成健康的生活方式更能成就一个人。

或许，正因为这些泉友把玩钱币当成了一种生活方式、一种习惯，他们才能取得让别人羡慕的成绩。也正是这一份傻傻的坚持，才让他们抵达幸福彼岸。

当然，少数泉友境界“更高”，他们不光把玩钱币作为一种生活方式，甚至把它看成和自己生命一样重要。为了钱币，他们可以废寝忘食、夜以继昼，甚至“以身相许”——宁可打光棍也要玩钱币。

各位泉友，玩钱币是你的一种生活方式吗？

有车有房又有钱币，这太难了

钱币收藏，原本只是众多收藏品中的冷门小类，甚至一度不被看好。然而，近年来的钱币热，使越来越多的朋友加入泉友行列，加上微拍、短视频直播等媒介的推波助澜，钱币逐渐出圈，走向大众，成为收藏热门。

与此同时，年轻人逐渐成为玩钱币的主力军。"90后""95后"甚至"00后"的后浪们，用青春与勇气、智慧与胆识，努力开启自己的钱币人生，却又遭遇到种种困惑与迷茫。

一

"00后"泉友小赵，虽没上大学，但一直都很拼。他白天是上班族，晚上做起代驾小哥。通常，早上5点他就会起床，还自嘲说：自己是被穷醒的。

当许多同龄人在玩网游、刷抖音的时候，小赵选择了努力赚钱。因为他希望有朝一日能买车买房，提高生活品质；同时，又能拥有心仪的钱币藏品，满足自己的精神世界。他认为幸福是靠奋斗出来的，自己一定可以做到。

时光飞逝，转眼间小赵已工作数年。然而他发现，在大城市里，像他这样的外地普通小伙子想要靠自己的努力有车有房又有钱币，太难了。因为无论再怎么加班加点、拼命熬夜，自己的收入毕竟是有天花板的，交了房租水电，应对各项开销，每月剩下的钱真的不会太多。

"为了不变的情怀，为了心中的梦想，再苦再累，也要坚持下去。"小赵暗下决心。

也许，他别无选择。

二

“95 后”泉友阿力是一名外卖小哥，他每天骑着一辆行将报废的超标电动车东奔西跑，争分夺秒。他平时省吃俭用，只为了攒钱去买钱币，因为这是他的最爱。

可是，阿力的努力与辛劳并没有得到家人和朋友的支持，他们认为买房子才是人生大事。毕竟房价高，在城里随便一套小户型，至少就要上百万元，而且有车有房已成为现代年轻人的成功标志、择偶标配和结婚门槛。而玩钱币，只会浪费时间、浪费钱，是难登大雅之堂的。

长辈的唠叨与埋怨，总是不绝于耳；女友的疑惑与不解，让他压力巨大。阿力甚至不敢在他们面前玩钱币，只能自己偷偷摸摸玩，感觉像做贼似的。

后来，他逐渐发现，想让大家不反对自己玩钱币，最好的方法就是把钱币变现给他们看。于是，他说做就做，在某二手平台上开了网店，没过几天便顺利售出大观通宝折十、天启十一两、咸丰元宝（图 1）等几个品种的古钱，还包括数枚通货大头、小头银币。此番的成功变现，让他终于获得了亲人朋友的认可，连对他的态度也缓和起来了。

“唉，这真是个无比现实的世界。”阿力不免感慨道。

图 1 咸丰元宝

三

“90 后”泉友小舒大学毕业后在国企上班，收入稳定，工作体面，亲朋好友挺羡慕他。如今已过而立之年，他找了女友，打算结婚，就差房子了。挑来挑去，他终于看中一套。这房子虽好，价却不便宜，但这是刚需，必须得买，于是他把所有存款、公积金都用上了。但即使加上家人的资助，还差 100 来万元，他只能贷了款，分 20 多年还清。此外，还有几万元的中介费要付。小舒实在没辙了，只好将高颜值的泰和重宝（图 2）与隆庆通宝出售。虽顺利变现，但这 2 枚钱买来的价都不便宜，毕竟是热门货，当年他咬咬牙才入手的。时光流逝，如今价涨了，还赚了钱，但这样的好品卖掉就很难再遇到了，他不免觉得有些可惜。也许，这就叫有得必有失吧！

图 2 泰和重宝

房子到手了，小舒却高兴不起来。虽说有了房子这个固定资产，但它依然属于耗钱资产。平均每个月要还房贷大几千元，差不多把工资收入都耗进去了。小舒不禁感叹："以后哪还有什么闲钱去买钱币啊？"

既然钱币买不起了，他只好在网上淘了几本打折的钱币书，安慰自己道："人生若梦，富贵似烟，钱币犹如浮云，看过即是拥有。"

四

"95 后"泉友阿祁是自由职业者，也是一位文艺青年，他不仅爱写诗，还对玩钱币有种近乎疯狂的热爱。后来，他交了女友，姑娘长得又漂亮又文艺，他时常带着女友逛钱币商店，溜钱币地摊，赶钱币交流会，和泉友们见面。他认为自己既然有爱好，就应该与心爱的人一起分享快乐。

谈了一段时间后，女友认为已经到了谈婚论嫁的年龄，几次提出买车买房的事，但文青阿祁觉得这事并不急，精神充实、彼此相爱才是最重要的。直到有一天，阿祁向女友求婚，他深情地对她说："亲爱的，我虽然没有车，也没有房，但我有一颗爱你的心，你愿意嫁给我吗？"

没想到，女友微微一笑，也很深情地回答道："是的，你没有车，也没有房，同样地，你也可以没有我，因为你的心里只有钱币。"

阿祁一时语塞。他明白了，自己喜欢钱币，女友却希望有房子，时日一久，这必将是一对不可调和的矛盾。

“要么选择她，要么选择钱币。”阿祁陷入前所未有的沉思中。

以上几则事例，是一些年轻泉友的真实遭遇。
房车和钱币，究竟更爱谁？
梦想与现实，是否能兼得？
诸如此类问题，或许我们要用一生的时间方能找到答案。

人到中年玩钱币，容易吗？

在泉友队伍中，有为数不少的中年人，也就是我们一直所说的“上有老，下有小”的那类人。全家的重担都扛在肩上，所以他们玩钱币往往会思考很多、顾虑很多，比如他们在买钱币的时候会问：

“老板，这枚钱你能保证我买到赚到吗？”

“兄弟，能再便宜点吗？”

“还有性价比更高的吗？”

因此，我总会听到一些泉商或卖家抱怨：“中年泉友的钱，真的不好赚啊！”

正所谓“人到中年不得已，保温杯里泡枸杞”。其实，中年泉友的确有自己的苦衷。对此，我作为一名年过不惑的泉友，觉得自己还是有点发言权的，就在此唠叨几句吧。

一、消费观念有变化

中年泉友作为家里的顶梁柱，日常开销实在太多，什么车贷房贷、教育培训、居家养老等都得花钱。因此，他们的消费观念会发生很大的变化，实用性原则不得不摆在了第一位，对待亲人的消费需求，或许还会“大方”一些，而对自己，往往会变得异常“苛刻”。

比如某位泉友，查看了自己近半年的消费明细，发现其中大部分收入都用来还房贷和车贷，剩下的用于柴米油盐酱醋茶和人情世故支出，而自己呢，只买了一双鞋子而已。

可见，中年泉友已不再或很少冲动消费，他们认为有些东西可有可无，不买也不会影响正常生活，买钱币也是如此。既然这样，那买钱币就得过且过，以后再说吧。

二、精力和身体大不如从前

某位泉友记得自己年轻时精力充沛，平时玩钱币、看泉谱常常不到凌晨不睡觉，有时甚至彻夜不眠，第二天也没觉得怎么累。而现在，偶尔晚上看一下微信公众号上的钱币文章，都会不小心打瞌睡，真是今非昔比了。加上近些年钱币出圈、网络经营、直播促销、盒子币兴起等现象，加速了两极分化，一些中年泉友已经跟不上节奏了。

此外，中年泉友们大都上了年纪，身体会有点小毛病，喝酒、吃肉都得控制一下，毕竟身体才是本钱。平时，逛市场、赶交流会、参加泉友聚会都要考虑一下自己最近的身体状况及工作、家庭安排，所以经常会有“放鸽子”的情况。久而久之，玩钱币的活动也就越来越少了。

三、重心转移到家庭

一些中年泉友已经把人生重心从玩钱币逐渐转移到了父母、妻子、小孩身上。他们自己可以吃得差一点，穿得差一点，用得差一点，但不能饿着小孩，不能穷了孩子的教育，家中老人也得赡养，不能被亲朋好友、街坊邻里说成不孝顺。

有的泉友认为钱币是奢侈品，买来也用处不大，无非就是想炫耀一下、自娱一下、收藏一下，即使日后升值了也不会去卖，并不会产生什么经济效益。加上人到中年，身边朋友圈子也都差不多固化了，自己什么水平他们都知道，没必要再显摆啥了，让一家人吃饱穿暖、提高生活品质才是最重要的事情。因此，对于泉商来说，中年泉友就是一块难啃的骨头，除非他们是真的需要，否则你很难从他们身上占到便宜。

相比中年泉友，年轻泉友对钱币的购买力是值得肯定的。虽然网红餐厅、盲盒、网络游戏、娱乐活动、打卡景点、约会交友等都是他们的消费点，但即使这样，年轻泉友也会更愿意为了自己的喜好买单。

综上所述，人到中年玩钱币，往往既没时间，又没精力，更缺乏资金，真的非常不容易，所以有些泉友退坑了，不玩钱币了，他们或许由于经济拮据，或许迫于生活压力，或许因为亲友反对。但无论什么原因，请给予他们同情与理解，毕竟他们身不由己、言不由衷。相信这只是行动的暂停，而并非思想的终止，在他们大多数人心中，一直会保留着对钱币、对收藏的那份情怀与初心，难道不是吗？

你的钱币人生有过迷茫吗？

“70后”泉友铲哥曾经以铲地皮为生。20多年前，他还是个小伙子，没考上大学，也不懂钱币，但知道某位名人说过:“读清华、读北大，不如自己胆子大。”他一直很信奉这句话。

于是，年轻的铲哥鼓足勇气，干起铲地皮收货的行当。说起这行当，可谓历史悠久，涉猎面广泛。比如上年份的老酒、古钱、铜板、银元、退市的纸币、铜杂件、陶瓷器、金银器等具有年代感的老物件和小玩意，都是地皮铲子们的捕猎对象。曾有不少人靠此方法淘到宝、捡到漏，再成功转卖，获得可观利润，有的甚至实现了一夜暴富的人生目标。

铲哥虽不懂行，却也不担心，他时常东奔西走，通过自己摸索与实践，加上江湖上认识的几个哥们指点，逐渐找到了一定的方法与门道。

铲哥的货源以各种钱币为主，因为它们量多又便宜。在实践中他发现，凡是钱币，只要个头大、品相好、数量少，都能卖个好价。于是，他就认准这“三个真理”，到处收币，果然颇有成效，断断续续收到不少干货，什么黄亮五帝钱、嘉庆常平式、天启十一两、大明隆庆、山鬼八卦、咸丰大钱、铜板大头、零钱纸币等，而且大多数顺利出手，赚到了钱。这下，铲哥更有信心了，继续到处奔走，因为跑的地方越多，收到货的概率往往就越大。

一天天风餐露宿、披星戴月，一处处老宅、旧居、工地成为他过夜的家，一条条高速公路变成他最熟悉的朋友，他也因此有了“铲哥”这个绰号。当然，有时他也会收瓷片、铜器、杂件之类的物件，但还是以钱币为主，因为确实量大又容易收。

然而，大多数铲地皮的人都有一个相同特点，那就是“留不住货”，铲哥也不例外。因为手头缺钱，家境拮据，要吃饭生活，要养家糊口，所以通常收到货，一有买家，又价格合适，就会急忙出掉。哪怕是再好、再少的钱币，也不会搁置太久。手头紧的时候，有些钱币只要剥层皮（加点小价）就卖了，有的按进价卖了，还有的甚至亏本卖了，也没感觉有多心疼。可现在想来，把那些钱币便宜卖了，真是挺后悔的。

那时的钱币，又好又便宜，假货也不像现在这么多，所以铲哥认为即使卖了也不要紧，下次总有机会可以再收到的。其实不只是他，当时绝大多数地皮客都是这样想的，也这样做了。

当年一些村子里，那真可谓遍地都是宝、机会到处有。一般来说，收到的清代钱币居多，因为年代相对较近，民间会有大量留存（图 1）。记得那时一套五帝钱，也就十几元钱，大样钱再加一包烟就能搞定，现在看来它们真是白菜价。而如今呢，掏出 100 元，连一串黄亮乾道嘉也难买到，一枚普通顺治要上百元，雍正一般好几百元，一套美品五帝钱竟要上千元，罗汉钱、乾隆正字隆等小精品，价格涨了数十甚至上百倍，简直不可思议。

图 1 各类清代钱币

在过往岁月里，铲哥挥洒过青春的汗水，面对过未来的踌躇，那是个激情燃烧的年代，他正年轻，心中总是怀着希望、理想和永不熄灭的热情，虽说偶尔会有淡淡的迷茫与惆怅，但这又如何？能向何人诉说呢？何人又会倾听呢？

时光飞逝，转眼过去数年。铲哥虽通过铲地皮赚了些钱，但或许是格局还不够远大吧，他对自己的未来并无详细规划，始终只是个地皮贩子，说得文雅一些，也就是一线钱币投资客。

逐渐地，他感觉累了、困了、无聊了，心想也不差钱，便索性停了手，想潇洒地生活几年。于是，一线地皮少了铲哥的身影，平时喝个小酒、搓个麻将、唱个小曲，成了他必不可少的项目。

但偏偏不巧，他“躺平”的好日子还没享受几年，便遇上父亲患病。住院手术等花费很大，加上自己平时烟酒吃喝开销也不小，这些赚来的钱很快被用得所剩无几，而且不久后父亲还是去世了。

在打击与无奈之下，铲哥只好硬着头皮再去收货（图 2）。但是他发现，一线钱币越来越少，也越来越难收了，江湖早已不再是他熟悉的那个江湖，仿佛一切都变天了。

图 2 在某收藏品市场收货

首先，网络的普及使钱币价格变得透明了，几乎没人肯便宜卖给他。此外，国家相关政策法规日趋规范，明确指出新出土的文物（包括钱币）是归国有的，禁止私自占有或买卖，否则就是触碰法律红线，后果很严重。

既然生坑货收不到了，铲哥只好去走家串户，希望能淘到宝。然而一线货源行将枯竭，铲地皮日益艰难。

他试了几次，买了些不便宜的通货钱币，结果不但没赚钱，还亏了不少，甚至比不上那些“80后”“90后”的小同行，昔日江湖上的铲哥如今变成了“惨哥”。

“出来混，迟早要还的”，铲哥算是深刻理解了这句话的含义，他很后悔自己放浪形骸的那段岁月，失去了很多，错过了很多。如今，他更加迷茫。

不可否认，“70后”的他确实已经老了，很多时候，他身不由己、力不从心，只能亦步亦趋地吃力前行。时光，就像一条奔涌前行的河流，从不怜惜任何人，也不在乎谁会老去，只是裹挟着所有人和记忆，一去不复返。

正所谓一代人正老去，总有人还年轻。现在的钱币市场日新月异，新人辈出，如果几周没有深入了解行情，很快就会落伍。同时，互联网的飞速发展、盒子币与评级公司的兴盛、短视频带货直播的崛起等，让他难以跟上步伐，钱币圈这些巨大变化所带来的各种压力，也让他颇不适应。这一切，都让铲哥困惑焦虑，莫非自己真的落伍于这个时代了？莫非多年来的铲地皮生涯真的要就此结束了？

铲哥心想：话虽这么说，但梦想还是要有的，万一实现了呢？时间能带走青春，却磨灭不了心中希望，如果不想被时代淘汰，就不要怨天尤人，应该努力接触新事物，学习新知识，踏出自己的固有认知，尝试新的思想，去丰富人生。

生命正在老去，但热爱生活、自强不息的心中之火始终不会熄灭，无论什么年纪，都要努力活出自己的样子。

剃着平头，叼着香烟，开着一辆破旧捷达，大叔铲哥又上路了，心虽有梦想，却依旧迷茫。

“然而，谁的钱币人生不迷茫呢？无论是谁，或多或少都会有一些吧。”铲哥一边开车，一边自言自语安慰自己。

这时，手机铃声打断了铲哥的思绪，他急忙接听。

“你是不是收钱币的啊？我家有一些老铜板，还有几枚袁大头什么的，上面贴着红喜字的那种（图 3），你要不要啊？”对方口气生硬地对他说。

图 3 贴红喜字的银元

铲哥这几天没睡好，又累又困，但一听有货，立马兴奋起来，仿佛看到了人生希望，他急忙满口答应，打了鸡血一样开车前往。

车内，旧 CD 里传出沧桑又伤感的旋律：

这样飘荡多少天，
这样孤独多少年，
终点又回到起点，
到现在才发觉，
路过的人，我早已忘记。
经过的事，已随风而去。
驿动的心，已渐渐平息。
疲惫的我，
是否有缘，和你相依。

当下，玩钱币的新主力军是谁？

作为一只玩泉多年的“老鸟”，我若无工作或家事冲突，都会参加各地举办的钱币交流会（图 1），并亲临现场练摊，一来图个热闹开心，二来有进有出，以藏养藏，还能借此结识天南地北、五湖四海的泉友。

图 1 某钱币交流会现场

多年实践中，我遇到了各行各业的钱币购买者，他们有的是老师、医生、警察、律师、科技人员，有的是公司白领、工人、农民、快递小哥、退休人士、个体经营户、自由职业者等，可谓五花八门，无所不有，一般以工薪族小玩家居多，他们共同组成了购藏钱币的大军。

然而近两年，我发现自己的客户群体正在发生微妙的变化，这一现象不得不引起深思。比如：某次交流会上，我练摊正入佳境，走来一名中年男子，戴金丝眼镜，穿西装革履，气质优雅，风度翩翩，他翻看着我的一本咸丰大钱收藏册子（图 2），彬彬有礼地说：“老师您好，这整

册钱币，我很喜欢，全都要了，谢谢。”

图 2 咸丰大钱收藏册子

“哟呵，来了个大生意。”我心想，“这买家都没怎么仔细看货，就要一枪通打？很少有人这样买钱币的，他究竟是干什么的？大泉商？老藏家？门外汉？大棒槌？还是……”

我带着疑惑，如数清点完钱币便向他报价，其总价早已超 6 位数。本以为这男子一听价格，会嫌贵放弃，或是起码会还个价，可没想到他连眼睛都不眨一下，当即付了全款。可见，此仁兄的购买力实在惊人。

“以后有什么好钱币，请别忘记联系我，谢谢。”男子微笑着，一边说一边递来一张金光闪闪的名片。

我一瞧，上面赫然写着：“XX 集团股份有限公司总裁。”我感觉这名字好像在哪里见过，仔细一想原来他就是某位知名的企业家啊！

“乖乖，是个有钱的主，你怎么不卖贵一点？”

“是呀，至少也要卖 7 位数才对！”

一旁几名泉友见状，纷纷对我嘀咕、调侃。我懒得搭理他们，其实这种情况已经不是第一次遇见了。

记得上次练摊，偶遇一名网红。她不仅人美，眼光更辣，一眼就看中我手里的一册银质手雕花钱，几句讨价还价后，果断地一枪通打。这批银花，包含太平通宝（图 3）、状元及第（图 4）、天子门生、长命富贵、文王百子、一品当朝等，品种十分丰富。它们是早些年我在徽州一线地皮上收来的，有些属于景泰蓝珐琅彩花钱，用不同色彩的釉料镶嵌于钱体上，制作精细，工艺独特，颇具收藏与赏玩价值。

图 3 太平通宝银质花钱　图 4 状元及第彩色银质花钱

奈何我并不玩花钱，此番既然遇见有缘人，也就慷慨出货了。只见这位买家如获至宝，离开的时候还不停地把玩着手里的银花，简直是爱不释手、乐开了花。

就这样，我一次又一次遇到某名人、某明星、某企业 CEO、某商界大咖来购买钱币，无论是名誉品还是普通钱，他们往往出手阔绰，举止优雅，这让人印象很深。看来，他们已逐渐成为购藏钱币的新主力军。那么，为什么越来越多的网红、明星、企业家、成功人士会选择青睐钱币、购藏钱币，并逐渐成为玩钱币的新主力军呢？

我认为此现象之所以产生，至少有以下几个潜在原因。

其一，企业家、成功人士购藏钱币是一种可行性投资。近年来，房地产、股票、基金等市场都受到一系列调控与限制，而古玩艺术收藏品就是“软黄金”，这一观点已成为公认的事实。有些“软黄金”不仅可以保值增值，还能抵抗财务风险。历代钱币藏品作为其中一种，自然是社会精英不错的选择，而且有些钱币品种（比如咸丰大钱、老银元、民俗花钱、旧版纸币）的增值率甚至超过股票、房产和贵金属等投资品，成为对抗通货膨胀的有效手段之一，因此越来越受到青睐。

其二，购藏钱币有助于企业家、社会精英个人文化品位的提高与升华。受儒商思想的影响，越来越多的企业家、商人开始重视提高自身的文化修养，比如关注历史、练习书法、收藏字画等，而收藏钱币可以学习历史，陶冶情操，深化品格，培养宁静致远的格局与心境。有了这些优势，能让他们在生意场上左右逢源、得心应手，何乐而不为呢？

其三，购藏钱币有利于构建各种“圈内”文化。比如企业的成功，离不开公共关系与特色文化的营造和建立，而以收藏古玩艺术品（如历代钱币）作为构建公共关系与文化的载体，是一种比较好的方式。

综观国内外那些名垂千古、拥有百年基业的大企业家，他们往往都十分重视企业文化的积累和发展。在商业氛围日趋浓厚的时代，企业家似乎更加重视这一点。为了进一步树立文化自信，有些企业家甚至不惜重金、不遗余力。

其四，“互联网+”时代的大势所趋。近几年，我国收藏艺术品市场空前繁荣。相关数据显示，收藏爱好者人数已达上亿。商人、企业家、作家、艺人等争相购买各类艺术收藏品，产生了如同多米诺骨牌的效应。在未来，钱币艺术品收藏业或许将是受资本青睐的重要行业之一。

其五，各种媒体的推波助澜。近年来，越来越多的媒体开始报道那些收藏奇闻和捡漏神话，使公众对收藏致富更为好奇与钦羡，那些富人阶层和企业家自然也受到不小影响，对他们而言，投资钱币收藏品不啻为一种好的选择。

然而，尽管企业家、艺人、成功人士购藏钱币的热情高涨，但投资钱币收藏品本身就存在一定风险，没有足够的眼力、经验与渠道的新人往往容易上当受骗，沦为“人傻钱多”的笑柄，所以必须谨慎投资，夯实知识、提升能力方为上策。

购藏钱币的主力军，从昔日工薪阶层、退休老人、草根收藏爱好者，到如今一掷千金的企业家、艺人、成功人士，这或许是新时代钱币出圈、资本内卷的一种现象，可谓喜忧参半。

他们购藏钱币的举动在一定程度上保护了祖国钱币遗产，传承了钱币文化，其作用是积极的。甚至有人大胆地说，钱币艺术收藏品只有走资产化、商业化、金融化道路，才有可能走进大众的视野，才能更好地盘活分散在民间的所有藏品。但与此同时，也带来一些引人深思的问题。

近些年，在世界各地收藏品拍卖会上，中国企业家、名人随处可见。作为成功人士和社会精英，他们将眼光放在了收藏领域。据统计，中国企业与企业家的购买力已达买方市场的60%，他们将原本投资于房地产或股市的资金投入到钱币收藏市场中，导致越来越多的钱币精品、名誉品落入这些人的手中。

随着钱币资源减少、价格飞涨，玩钱币（特别是精品名誉品）逐渐不再是平民的游戏，这让许多小玩家购藏艰难，备受挤压与打击，他们只能在夹缝中玩钱币，有的甚至退坑放弃。大家纷纷猜测，钱币圈一直以来的游戏规则已经被改变？一直以来的人员结构已经被洗牌？一直以来潜藏的隐性矛盾已经被唤醒？

诚然，企业家、艺人、成功人士等玩钱币已成为一种趋势，此现象很可能会在未来相当长的一段时间里存在着。在钱币圈中，他们扮演了全新角色，由于有足够雄厚的财力做支撑，逐渐变成钱币收藏圈的“宠儿”，甚至成为市场行情、钱币价格走向的风向标，并赋予了钱币收藏另一层新意义。在雅趣的背后，还蕴含着人生感悟和商业经营理念。他们的加入，给钱币圈带来的到底是希冀与曙光，还是争议与变局？对此可谓众说纷纭，然而答案究竟会是什么，我们还是拭目以待吧。

玩钱币：不纠结就是快乐

我们玩钱币，之所以会有那么多烦恼、抱怨、不快与后悔，往往都是因为太纠结。

一

钱币界有句名言："顺天易得，得壹难求。"得壹元宝，铜质优良，文字霸气，体态浑厚，制作精美，不仅市场价值昂贵，而且它还是唐代安史之乱那段血雨腥风岁月的宝贵见证物，历史意义重大（图1）。泉友阿顺对其心仪已久，前些年好不容易购得一枚，他越看越喜欢，越看越得意，既然好钱到手，自然要显摆一下，便拿给几个同好欣赏，本以为会赢得称赞，不料被他们认定是老仿币，心中很不是滋味。

图1 唐代得壹元宝

阿顺很纠结，晚上连觉也睡不着。当时玩钱币，还没有什么评级公司和盒子币，阿顺一直对自己的眼力颇有信心，没想到这次看走了眼，自然备受打击，他甚至开始怀疑自己的能力与水平。

数日后，心情仍然阴郁的阿顺遇到一位熟识的老藏家，刚好钱币带在身边，他便向老藏家提及了此事。

见多识广的老藏家平静地看了看这枚老仿币，知道年轻人此刻最需要鼓励，便宛然一笑，对他宽慰道："小伙子啊，钱币这东西呢，自古以来就有仿品，唐朝的钱币宋朝就有模仿，宋朝的明朝就有模仿，这很正常。但它们搁现在也是'老'东西了，不是吗？"

“什么叫古玩，年头长了的东西就叫古玩。所以从某个角度来讲，古玩没有真假之分，只有新老之别。玩钱币，我们是凭眼力吃饭。如果买到老货就是捡漏，可喜可贺；如果买到新货就当工艺品玩玩呗，那也不错呢；如果眼力不济，就算把大漏塞你手里，你又能抓得住它吗？”

阿良听了这几句话，轻松了一些。

老藏家接着说：“正所谓‘千人千眼’。同样一枚钱币，你认为是真的，但别人就有可能认为是假的，这种情况在所难免。纵然这枚钱币是仿品，那又何妨呢？权当买个教训、交个学费、长个经验吧。胜败乃兵家常事，失败乃成功之母。要知道在古玩圈，打眼在所难免，再正常不过了。”

“所以说，进一步提升自己的眼力，稳定自己的心态，就不会这样纠结了。有时候，一枚钱币你看着喜欢，价格又能接受，就买了下来，这也是一种机缘，又何必太纠结，你觉得呢？”

听了这番话，阿顺仿佛领悟到什么，顿时豁然开朗，心里也不再那么纠结了。

如今，随着盒子币与评级公司的兴起，以及各种鉴定技术水平的提高，钱币真伪问题在一定程度上得到了解决，但我们玩钱币，自己的眼力与学识水平仍然是至关重要的。

二

青年泉友小郭是咸丰大钱的忠实拥趸，经过数年的收藏，他已经囤了不少漂亮的“咸大”，比如当十、当二十、当五十、当百（图 2），以及宝泉、宝源、宝昌、宝苏等品种，而面值最高的咸丰元宝当千大钱（图 3），一直是他梦寐以求的“神品”。

图 2 咸丰元宝当百（背图）

图 3 咸丰元宝当千（背图）

然而，作为一名工薪小玩家，小郭省吃俭用买钱币并不容易，特别是近年来咸丰大钱备受追捧，价格水涨船高，入手购藏有相当难度。

数年前，咸丰当千的价格只有大几千，小郭没急着买，不料很快涨到了 1 万多元，此时小郭有些急了，于是努力积攒零钱，期望能买到它。没想到那个年底，咸丰当千已猛地蹿升至 2 万元，他只好继续存钱，等待时机。

过了段时间，小郭有了足够的资金，便跃跃欲试。他看上了某网站限时拍卖的一枚咸丰宝源当千，晚上 8 点要结拍。于是，他打算等快结拍时出个价，一举将它拿下。

那天晚上，小郭约了相亲对象，一起去吃椰子鸡火锅，两人边吃边喝，聊得挺投机，也许是椰子鸡太鲜嫩好吃，也许是女孩子太甜美可人，他不知不觉竟然忘记了买钱币这件事。等猛然记起来，已经将近晚上 9 点了。

小郭急忙一看，咸丰当千已结拍，被别人用 2 万多元买走了。他十分懊悔，只好安慰自己说：“算了吧，以后还有机会的。”

可世事难料，之后的形势想必大多数泉友都清楚，咸丰大钱成为古泉大热门品种。作为名誉品的当千大钱，其价格更是如同坐上火箭，一发不可收拾。眼下，一枚品相还算凑合的当千，没有大几万根本拿不下来，如若是品相好些的，价格甚至在 10 万元以上。

面对如此行情、如此天价，小郭实在是吃不消，他越来越后悔当初错过了机会，如今对象没谈成，钱币也没得到，落得人财两空。

对此，朋友们纷纷劝他：“别纠结了，有些东西命里有时终须有，命里无时莫强求。一枚钱币而已，买不到也就算了，或许因为天意，或许因为缘浅，或许因为意外，但毕竟是身外之物，过眼云烟，又何必太过在意呢？”

三

泉友马儿虽年轻，但钱币玩得早，数年坚持下来，他已零零散散积攒了不少藏品。如今，有个喜欢钱币的老同学要结婚了，他打算将一些钱币作为礼品。

于是，他开始挑选钱币。本以为自己藏品丰富，选几个多余的钱币送人是件挺容易的事。可是，选着选着问题就来了，他发现每一枚钱币长得都不一样：这枚颜色太美，不舍得送；那枚是个小版，自己留着；这枚字口清晰，看着喜欢；那枚格外厚重，风格奇特；这枚背面流铜，像是月纹；那枚疑似母钱，怕送漏了。而且，有的钱币，是他学生时代的回忆；有的钱币，是他爱情岁月的见证；有的钱币，是他鬼市捡漏的收获；有的钱币，是他爷爷留下的遗物……

就这样，马儿挑选了很久，还是没结果。他越来越纠结：到底送哪几枚钱币？到底要不要送钱币呢？

不光是泉友马儿，恐怕有不少泉友都有过这样的纠结。由于我国历代钱币形态各异、品种繁多，就算是同一种钱币，也有不同的版别、大小和厚重，又因受不同环境、土壤、铸造工艺、流通程度等影响，它们的锈色、状态、铸工、磕碰等也存在细微差别，因此出现了“千币千面”的情况。

其实，我们买钱币不纠结，送钱币也应该不纠结。很多时候，感情比钱重要，人脉比财富有用，既然已打算送出去，那即便是送错了、送亏了、送漏了，又如何呢？

俗话说“送人玫瑰，手留余香”，更何况我们送的是钱币呢。

四

青年泉友阿良是盒子币的忠实拥趸，他一直信奉“钱币，入盒即真，不入即假”的人生信条。

近年借着盒子币热门的风口（图4），他玩得风生水起，赚得不亦乐乎，于是越发坚信“能不能入盒，是评定钱币真伪甚至价值的唯一标准”这条真理。

图 4 欣欣向荣的盒子币

这回阿良入手了一批苏炉花钱，它们风韵古朴，包浆老道，他越看越顺眼，于是按常规套路想入个盒，再高价出手赚它一笔。

没想到却遭遇了囧事。这批宝贝一连送了几家评级公司，竟然都无法入盒，被退了回来。他开始犯嘀咕，不但心情低落，而且就连这些本来看着挺真的花钱，因为入不了盒，现在也越看它们越不顺眼了。

“不能入盒？是咋回事？到底是真是假？”阿良心中前所未有地纠结起来。

对此，泉友们纷纷善意提醒他，毕竟那些评级公司里鉴定钱币的也是人，并不是神，所以无法做到火眼金睛、万无一失，这也在情理之中。

此外，由于钱币入了盒，评了高分，往往能卖出更高的价，导致在利益的诱惑下，出现诸如“自己币”“人情币”“关系币”等形式的奇葩币，甚至“假盒假币”也应运而生。

所以说，盒子币虽是钱币真品的背书，并且在大部分情况下值得信赖，但我们不要绝对地抱着“一入盒子，万事大吉”的思想，过分依赖评级和购买盒子币。毕竟玩钱币，更重要的是自己的眼力与水平，这才是真正屡试不爽的王道。

五

在钱币收藏与经营的过程中，泉友们遇到的纠结还有很多。某位泉友出光绪元宝（图 5），很快有买家看上，出价并不算低，但泉友不肯卖，认为低了。

图 5 光绪元宝（龙洋）

之后又有几位买家出价，且一个比一个高，泉友便开始纠结到底要不要卖。虽有些动心，但他思来想去，总觉得会有下一个买家出更高的价。因为他认为这枚钱币好，且行情正一步一步强势走高，所以必须将它利益最大化，不达到自己的心理价位绝不“贱卖”，于是他咬咬牙，选择了继续等待。

然而几个月后，由于种种因素，这种钱币的行情受到影响，价格竟然开始下滑，结果泉友错失良机，后悔不已。

其实，不光是玩钱币，我们人生中的大多数烦恼与困惑也都源于纠结。古语云：“不以物喜，不以己悲。”很多事情、很多人，一旦放下就轻松了，一旦看淡就豁达了，一旦看开就释怀了。只要调整好心态，一切都会过去，活好当下，珍惜现在，才是最重要的。

玩钱币不纠结，你会更快乐；

人生路不纠结，你会更幸福!

你们觉得呢?

一名玩钱币文青的“真情告白”

泉友周周是杭州本地人，30来岁，单身未婚，大龄文艺青年一名。说来奇怪，大学毕业至今，他从未做过什么长期稳定的工作，只打过几份零工，后来索性不干，一直赋闲在家。于是，在大家眼里，周周成了典型的文艺青年，对此他也从不否认，因为他觉得自己的确拥有文青的各种特质：自我、叛逆、固执、懒散、敏感、忧郁、爱幻想、神经质、有些才华、不切实际、忽冷忽热、多愁善感等。

他为什么不去工作呢？是因为他想过一种“不那么累”的生活，不愿意和他那些同学朋友一样，每天工作加班、持家带娃、买房还贷，要承受那么多压力，既没时间，又没自由。加上如今职场竞争越演越烈，想找到满意的工作难度实在太大。

周周不抽烟、不喝酒、不打麻将、不泡夜店，平时喜欢喝茶、听歌、看电影、读书、发呆、玩钱币。在大多数人眼里，他活得很潇洒、很自由、很惬意。但每天东游西荡的日子毕竟是孤单的，有段时间他特别想结交社会上的非文艺朋友，以排遣空荡寂寞的心。经过一番努力，他确实也交到这样一些人，比如做会计的、做IT的，还有公务员、企业白领、社区工作者等，他们都对周周的生活表示出极大的好奇与忧虑，纷纷问他：“每天不上班，你是怎么活下来的？没有正规工作，没有五险一金，你难道不担心吗？”对此，他通常只是含糊其词，应付几句了事。其实有时候，他也在网上卖点古早的物件杂货，虽收入微薄，但至少能解决温饱。

或许是文青的关系，周周玩起钱币来也格外另类，通常只凭自己的喜好来玩，什么网红钱、大个头、黄亮品、明清币、老银元他都不感兴趣，反而喜欢西夏天盛元宝（图 1）、安南端庆元宝（图 2）、日本宽永通宝和元丰通宝（图 3 和图 4）等冷门钱币。

图 1 西夏天盛元宝

图 2 安南端庆通宝

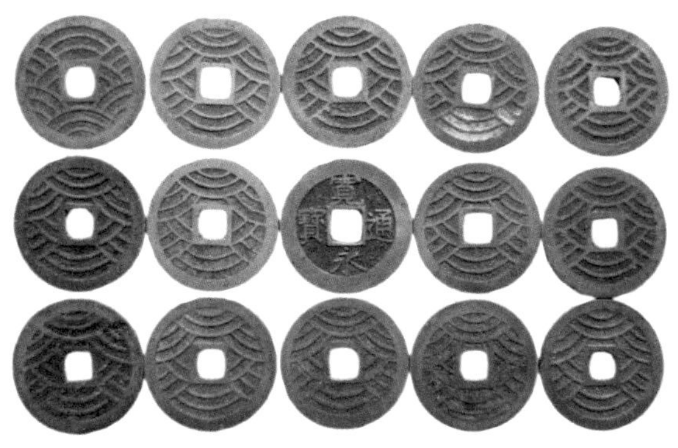

图 3 日本宽永通宝背水波纹

图 4 日本元丰通宝

前些天，周周花费上万元，买到一枚西夏乾祐元宝铜钱（图 5），它造型小巧、文字精妙。但泉友们认为它属于冷僻钱币，这价买得不值，像他这样不玩热门玩冷门，实在颇为费解。然而周周不在乎，或许他压根儿就没想过行情、涨跌、受众面等，也没想过赚钱盈利。因为热爱，所以乐在其中，就这么简单。

就这样，周周玩着高配的钱币，过着低配的生活，时常被周围人，甚至亲人朋友冷眼嘲笑、嗤之以鼻。面对种种压力，他依然我行我素，觉得没啥大不了，只要做好自己就行了。每天有时间、有自由，睡到自然醒，想干什么就干什么，难道这样的生活不香吗？非要有车有房，背负一辈子债，上班带娃，忙忙碌碌，焦头烂额，才算真正成功的人生？或许，这样的想法、这样的心态，正是当下许多文艺青年的共识吧。

图 5 西夏乾祐元宝铜钱

日复一日，年复一年，周周就这样我行我素地玩着钱币，当着文青。然而如今，文艺青年逐渐取代了杀马特和非主流，被越来越多的人所取笑。那么，大家为何要取笑文艺青年呢？

周周认为，归根结底是因为一个字——穷。很多人认为文青所有的“恶”来源于他们的穷；嘲笑文青的本质，也是嫌他们穷。

被看成奇葩也好，被视为另类也罢，作为一名文青，周周富有的不是金钱是时间，追求的不是发财是理想，虽穿着朴素但心似锦绣，永远保持对知识的好奇，拥有不受束缚的自由。他觉得，如此足矣。

对于玩钱币，他坚信格拉德威尔的“1 万小时定律”，认为坚持 1 万小时，就能成为任何一个领域的专家。所以玩钱币也一样，凭着自己的苦修与坚毅，一定能把它玩好。

玩着玩着，他惊喜地发现自己有了越来越多的感悟，对开元的背字、淳熙的顺点、铁钱（图 6）的由来、安南的小版等也有不少心得，并有一种想把它们写下来的冲动，而且这种冲动越来越强烈。

作为文艺青年，周周当然不会放过自己的创作欲望。

“写下来，不要用脑袋想，说不定就会触发自己的灵感与思路。”他这样说，也确实这样做了。

图 6 宋代铁钱

于是，一篇篇稿子诞生了。他终于发现，只用脑袋想和真正写下来，完全是两回事，写下来的过程才是真正的思考，这让他受益匪浅。

从此以后，在周周的脑海里，时常会有新奇的灵感向他招手。往往他写得越多，灵感也就越多，写作的欲望也越大，这简直一发不可收拾。他迷恋玩钱币、写稿子，忙得不亦乐乎，有时彻夜不眠。他甚至相信“只有依靠创作，才能介入和解释眼前这个世界”。

同时，他开始在网络上发文章，或是做些短视频文案、微课堂直播等，这些温暖又有态度的小文、很接地气的科普讲解，涉及历史知识、钱币收藏、人生感悟等各方面，赢得不少读者与粉丝的点赞与关注，这一切让他颇有存在感与成就感，虽说只获得了微薄收入，却为传播弘扬祖国钱币文化做出了自己的努力。

岁月如梭，才情似水。多少次捕捉灵感的瞬间，多少次披星戴月的笔耕，多少次意味深长的把玩，多少次思绪万千的探索，文青周周用写作代替了爱情，一直“活在自己的热爱里，而不是别人的眼光里”。或许文青与年龄无关，再过几年、十几年，甚至几十年后，他依旧会是个文青，依旧玩钱币，依旧写稿子，依旧在自己的小世界里继续另类下去。

诚然，在现实生活中，像周周这样的文青泉友不止一个，他们生存于各个角落，努力养活自己，同时也爱好钱币，追逐梦想，又往往对生活抱着一种“淡淡的疏离”，认为没什么是必须拥有的。

其实玩钱币，本身就是一种文艺活动，是一种别样的生活方式。而真正的文青，并非只是一种腔调、一种标签和一种行为艺术。我们每个人，是不是文青并不重要，毕竟“选择用什么样的方式生活”是我们每个人的权利。但只要能“努力活出自己，拥有生活意境”，即使没有掌握足够的财富和权力，也照样能活得自由、丰富、饱满，内心纯净、浪漫、柔软，并拥有一片属于自己的舞台与栖息地。

玩钱币：挡不住的瘾?

年轻泉友小武平时工作很忙，加班值班是常态。这不，他已经好几个星期没去逛市场淘钱币了。

既然没时间，那只能在网上找钱币。晚上加完班，他浏览了几个钱币网站，发现不光无漏可捡，而且自己想要的一些钱币，比如大观折十、天启十一两、咸丰大钱等，价格都高得烫手，大几千是常态，有的甚至过了五位数，让他这样的小玩家实在无法承受，只能作罢。

小武心有不甘地继续搜寻，好不容易发现一枚价格亲民的心仪钱币，再过几分钟就要结拍了，他急忙加价，希望能将它一举拿下，可一连加价多次，都干不过那个神秘又强大的对手——自动出价，最后只好放弃。然而，一直渴望撸币的手早就痒痒了，如同犯了烟瘾一般难受，挡都挡不住。

等到星期六，终于有点时间，小武兴奋极了，一大早冒着雨兴冲冲地赶到古玩市场。受疫情影响，周末逛市场的人本来就少，加上大雨一直下个不停，整个市场显得更加清冷萧条，几家平时他常去光顾的店，也都铁将军把门。

小武很是失望，只能到处瞎逛，来到一家卖银元的店，一问价格，龙洋、大头、小头全都涨得离谱，只好退而求其次选点鹰洋（图 1）。好不容易选中几枚，品相还过得去，价格也不算太贵。他心想，既然来了，总不能空手而归吧，于是便爽快买下。

鹰洋系银元一种，币面有一只老鹰嘴叼着蛇，站在仙人掌上，它是墨西哥铸造的银圆，故又称“墨银”，大约在 19 世纪中叶流入中国，先在广州使用，其后流行于各地，逐渐取代本洋（西班牙银元），成为当时国内主要通货之一。鹰洋虽是外国货币，属于舶来品，且铸量很大，但它们是中国那段特殊历史时期的宝贵遗产，是外国银洋进入中国市场的实物见证，是当时混乱繁杂货币制度的体现，具有一定的历史文化价值与收藏价值。这次，小武买的虽是普品，但好歹也是收获，撸币的瘾略有满足，他高兴得一路哼着小曲回到家，晚上得意地拍了钱币照片，发了朋友圈想炫耀一下。不料泉友们告诉他，这两枚鹰洋，一枚是修补过的，另一枚则是高仿。

图 1 墨西哥鹰洋

“唉，奸商为了利益，简直无孔不入，连普品也不放过。”小武哀叹自己不但没过上瘾，反而被上了一课。

其实，爱好与嗜好总在一念之间，就看你能不能把握好。如果玩得适度，就是一项不错的爱好；如果玩得过度，就沦为一种嗜好，甚至产生负面影响。不光是玩钱币，我们的人生也未尝不是如此，最关键又最难把握的往往是一个“度”字，大家觉得呢？

然而，玩钱币对某些“重症泉痴”来说，不光只是个瘾，它甚至是阳光，是空气，是水，是生命里不可或缺的元素。他们为之痴迷，为之疯狂，为之废寝忘食，为之肝肠寸断。一旦能拥有如此境界，倒也实为难得了。

你的钱币，如何打造成“爆款”？

随着钱币收藏品日趋资本化经营，越来越多的泉友希望自己的钱币能够成为“爆款”，从而飞上风口，一本万利。那么，如何才能打造名副其实的爆款币、网红钱呢？

让我们先来了解一下何为“爆款”。爆款，是指在商品销售中销量很高、供不应求的商品。说得通俗点，就是卖得很多、人气很高的商品。从商业角度分析，如果我们想打造一个钱币爆款，至少需要满足以下条件：市场足够大、复购率高、成本低、易于传播、没有被市场操作过、具有生态闭环等。

那么，你的钱币是否具备以上这些条件呢？

众所周知，古钱币属于不可再生资源，数量有限。但毕竟千百年来，老祖宗们留下的并不算少，只要我们善于利用，用心经营，也还是够用一阵子的。

然而，随着“后收藏时代”的到来，钱币市场日趋规范化，钱币品种逐渐标准统一，价格透明，捡漏的难度越来越大。什么样的品种才会成为市场下一个热点，对此一直众说纷纭。在如此大环境下，我们想要打造钱币爆款又谈何容易。我认为至少要做到以下几点。

一、找准方向

有些时候，我们的选择往往比努力更重要。想要打造钱币爆款，首先要找到正确的方向和钱币投资品种。一般来说，那些存世数量不多也不少、价值不便宜但也不是非常贵、有市场前景、有升值空间、有颜值特色、有文化故事内涵的钱币，往往更具优势。比如近几年，大观折十、隆庆通宝、天启十一两、康熙罗汉、咸丰大钱、部分老银元等为何会站在风口之上，成为网红钱币、热销品种，就是因为它们具备了某些要素。

二、资本运作

打造一种爆款，离不开强大资本的运作。如果你有足够的本钱，或是囤积了相当数量的货，那就可以运用种种方法运作某种钱币，以提升其增值速度，力求利益最大化。但拥有这样实力的只是少数人，而且这样做也存在一定风险。如果你只是一名小玩家，资本不够强大，货源也欠充足，那么不妨跟着一些泉商大佬，他们囤什么你也囤什么，他们卖什么你也卖什么，毕竟这样做风险相对小一些。而且大树底下好乘凉，人家赚得盆满钵满的同时，你或许也得到了不小的收益。

三、文化加持

古钱币，是最能够完整体现我国历史发展进程的宝贵物质文化遗产之一，各种历代钱币一起，串联成数千年的华夏文明史。所以说，努力挖掘钱币文化内涵与特色，让文化赋能钱币，为钱币增色添彩，往往有事半功倍的效果。

这些年，五帝钱（图 1）受到越来越多的关注，行情可谓火热。它一般有大五帝钱和小五帝钱之分。大五帝钱指的是秦朝半两、汉朝五铢、唐朝开元通宝、宋朝宋元通宝、明朝永乐通宝（或洪武通宝）这 5 种钱币。小五帝钱指的是顺治通宝、康熙通宝、雍正通宝、乾隆通宝、嘉庆通宝这 5 种钱币，也就是清朝 5 位皇帝的铸币。

除了五帝钱，还有“三元开泰”（三枚唐朝开元通宝）、“天天享福”（北宋天禧通宝、天圣通宝和祥符通宝）、“天天挣大钱”（天禧通宝、天圣通宝、政和通宝或正隆元宝、大观通宝和乾隆通宝）（图 2）等具有文创寓意的吉语套钱，这些吉语套钱皆取钱币的谐音，也取得了不错的销量。它们虽距离爆款仍有一定差距，但这样的方式确实有可取之处，是值得我们深思的。

图 1 五帝钱套币

图 2 “天天挣大钱”吉语套币

四、闭环销售

在商业实战中，品牌传播和渠道营销是必不可少的两大模块。闭环销售是生态体系中的一种组合策略。其中的闭环,顾名思义就是“圈子”，故也称“圈子营销”。其核心理念就是以顾客为中心,形成全方位的闭环，既可以个人支撑，又可以群体协作。这样的模式与策略，我们在钱币经营中也不妨借鉴。

如果客户只买一枚钱币，你的生意就结束了，那未免有些不够过瘾。其实，有很多方法可以继续发掘，比如：客户买了一枚顺治通宝，可以引导他再买康熙通宝、雍正通宝，甚至五帝钱、十帝钱；客户买了某枚南宋钱，可以鼓励他再买第二枚、第三枚、第 N 枚，甚至全套。

总之，要争取越来越多的回头客，形成商业生态闭环，尽最大可能把自己的生意盘活、盘广、盘大，这才是硬道理。

商业经验告诉我们，在经营体系中，如果各流程模块组成完整的循环闭环，那么它对生意是大有裨益的，想必经营钱币也是如此。

五、流量红利

有不少泉友吐槽，现在玩钱币，如果不搞线上，那就无法玩转这个时代了，被淘汰、被割韭菜是迟早的事。既然如此，我们就要转变理念、改变策略，以前不擅长的方法，比如发朋友圈、线上直播等，如今都可以尝试。

此外，对某些时间段的把控也显得颇为重要。比如在清晨五六点，你不要以为别人还在睡觉，其实许多朋友已经起来喝茶，在公园里溜达了。同理，在晚上十一二点甚至凌晨，忙着玩手机的“夜猫子”也不在少数。这些时段的流量红利也不容错过。

六、鉴定背书

对于泉友（特别是新手们）来说，钱币真伪一直是个头疼的问题。随着各种评级公司与盒子币的诞生，他们越来越乐意购买有鉴定背书的钱币，正所谓宁愿多花点钱也要买个放心，这是大势所趋。所以说，爆款钱币必须具备鉴定背书，才能立于不败之地。

此外，在经营过程中我们还要时常注意避免沦为同质化产品，避免陷入价格战旋涡，积极利用“天网、地网、人网”，把身边的钱币资源充分盘活，利用眼力、认知、商机、平台甚至对手等一切可以利用的资源，来为自己谋利。

以上内容，只是我归纳的一部分，打造爆款的方法还有不少，就不逐一阐述了。而且，不少泉友在经营中发现，其实所谓的认知、能力、人脉、经验等都不是最重要的，有没有一颗真正能够沉下来玩钱币的心，才是关键。玩钱币，我们要懂得在繁华中自律、在落魄中自愈，如果心态不调整，财富不会来。

当然，在打造爆款的同时，并不是无节制地谋求经济利益。古往今来，成功的经营者、真正的大商人，他们往往善于将做生意转化为一种能帮助他人、推动他人、成就他人的良好利他方式，这样才会取得最终胜利。

利于天下众生，方为大商之道。那些只顾割别人韭菜、收取智商税的行为，只能让人高兴一时，最终只会适得其反、自取其败。只有以德为本、诚信经营，才会左右逢源，笑到最后。

对近期钱币交流会的几点探索与思考

随着疫情管控逐渐放开，各种古玩交流会在神州大地遍地开花，就像这炎热的天气一样如火如荼。北京、西安、德州、南京、杭州、南宁等地相继举办了钱币交流大会（图 1），忙得广大泉商与泉友东奔西走，不亦乐乎。在此，我们不妨先听听其中几位泉友的感受吧。

图 1 钱币交流大会现场

一

某泉友平时努力积攒了不少钱币品种，如大观折十、南宋大钱、大明隆庆、大头银元等，如今终于等到交流会，他订了摊位，摩拳擦掌准备大干一番。果不其然，泉友练摊才没几分钟，便来了一名中年男子，戴金边眼镜，手腕上一款劳力士绿水鬼，一看便是有钱的主。

“说不定是一位大企业家呢！”泉友感觉大生意来了，急忙站起身，热情地接客。

只见，这位先生优雅地看这枚看那枚，问这价问那价，泉友都一一耐心解答，后来又挑选出几枚钱币，泉友以为要购买，不料那人只是问了一下价格，便淡然一笑，扬长而去。

“本以为来了大客户，结果只是个观望侠。”泉友颇为失望。

后来的情况，也如出一辙，他的摊位钱币种类多，的确吸引了许多客人，但他们都有个共同特点——只问价，不买货。

这个泉友就这样呆坐了一整天，直到坐得腰椎间盘突出，还是没做成生意。

二

某小泉商参加德州交流会，他的摊位刚好沿中间过道，占据颇佳位置，货更是不赖，有历朝精品、花钱龙洋等品种，都是热门的好东西。而旁边摊位是一个有北方口音的大姐，摊上没啥好货，只放着一堆铜元（图 2）和一些五帝散钱，他实在看不上眼。

可世事难料，一天下来，他那一桌子历代品种，没卖掉几个，而隔壁摊位却忙得不亦乐乎。别小看了这些铜元，因为量多价便宜，它们卖得格外好，有的买家挑选几枚带走，有的买家批量打包拿下，不到中午，一大堆货很快只剩一小坨了，看得他实在羡慕嫉妒。其实除了铜元，卖得好的还有日本、朝鲜、安南等钱币，以及鹰洋、坐洋和站洋等品种。

图 2　一堆铜元

“不起眼的铜元和外国古钱，如今竟然成了新宠？”泉友难以理解，他拿着自以为无敌的王炸钱币品种想稳赚一笔，却不知钱币圈的游戏规则早已洗牌。

三

某泉友是一名工薪玩家，这个星期六，他和老婆请了2小时假，兴冲冲地赶到杭州钱币交流会现场。只见现场人气火爆、场面盛大，他一问价格，发现不少泉品都处于强势横盘状态，有些虽有小幅降价，却仍不敢入手。

比如咸丰大钱，价格一飞冲天，随便一枚品相还凑合的泉局、源局当五十大样，卖家一报价就2万多元，而福局一百的价，更是妥妥地超过六位数，这让普通小玩家怎么承受得了？某些银元价虽有微降，但当下这个形势还是不敢入手，实在害怕被套牢。

既然贵的钱币买不动，那只能买点普品了，毕竟自己盼星星盼月亮终于等到这次交流会，总不能空手而归吧。于是，他入手了几枚普品顺治康熙、安南杂钱、日本天保（图3），虽然这些他都有了，但仍就买下，权且当个纪念，还有一枚永历通宝背“留”，算是唯一像样点的收获了。也许，这就是如今小玩家们的购买力和内心无奈的写照吧。

图3 日本天保通宝当百

以上情况，绝不是个例，成交量下降，是近几次交流会的普遍现象。诚然，从表面看，如今钱交会相比以往毫不逊色，一样的摊位爆满，一样的货源充足，一样的人头攒动，一样的声势浩大，然而成交量普遍下降了。

恐怕很多泉商都有体会，以前交流会练摊，一天下来，成交轻松过万，有的可达几万元、十几万元，甚至更高。而如今，一场交流会摆摊下来，不少卖家只有几千的成交量，甚至更少，能卖掉的往往都是一些几十元、几百元的小东西，上千元卖掉的少，几万元的更是卖不动，不少通货大头、小头、船洋银元积压着却少有人问津。由此可见，泉友们的购买欲和购买力已大打折扣，今非昔比。

量一直是卖家的生命线、市场的晴雨表，如今它的下降有诸多原因：一是受疫情干扰；二是受经济大环境影响；三是前几年某些盒子币和热门钱币品种被持续炒作，价格虚高，导致后劲不足，出货困难。比如不少银元品种，跌幅已超20%—30%（一些五彩包浆、品相极美的除外）。既然那些小精品、名誉品、热门货泉友们买不起，于是昔日不被看好的铜元、外国钱币等品种成为新的购买亮点和炒作对象，也在情理之中了。

诚然，钱币圈正发生着一系列的变化，特别是行情的变动让许多玩家猝不及防，甚至根本来不及做决定就被割了韭菜，如果强行变现或斩仓出局，又将亏损严重。于是乎，从勇当“接盘侠”到争做“观望客”，从“又看又买”到“只看不买”，泉友们在消费理念上越来越趋于平和与理性，其实这也不啻为一件坏事，毕竟现在赚钱不容易，大家各方面开销又大，钱币不是生活必需品，所以能省则省。但这种现象，又不免让我们对钱币收藏与经营的前景产生一些担忧和疑惑。对此，我们无论是悲观还是乐天，激进或是彷徨，坚持或是放弃，这一切的答案都只能交给时间去慢慢解答。

盘点玩钱币的那些“神操作”

我们的钱币圈，一直存在着种种让人耳目一新的“神操作”。

一

在玩钱币的过程中，我们会遇到一些保存完好、品相不错的古钱（图 1），但同样也会碰到许多有裂、有洞、有沙眼、有缺、有翘、有磕碰的古钱币（图 2），而且这些古钱币往往占大多数。这是由于它们经过长期流通使用或储存，钱体受到了磨损和腐蚀。此外，铸造加工过程也会造成一些瑕疵。

图 1　美品古钱币

图 2　残损古钱币

这些缺陷的存在，在很大程度上影响古钱币的颜值品相、艺术价值与收藏价值。于是，各种各样的钱币修补神技便应运而生了。

一般来说，古钱币的修补主要分为商业修补和展示修补两大类。我们常见的修补术有断补、裂补、缺补、补漏眼、清流铜、补加笔等。

比如，我认识一位泉友，他擅长用丙烯、浮土、糯米（老锈、面团、

502 胶水亦可）这 3 种材料来进行古钱币漏眼、孔洞的掩盖与修补，他技术手段娴熟，每次屡试不爽。经修补后的钱币几乎看不出痕迹与破绽，成效如此明显，让人眼前一亮。

然而有些钱币，由于破损严重，往往需要同时使用多项技术（如锡焊、铜焊等）才能修复。经过一番大手术后，钱币颜值大增，简直判若两币，这样的操作堪称是神修复。有了如此神术，恐怕可以骗过许多老玩家的眼睛。

不过幸好，现在有 X 光检测技术，大部分钱币修补品都休想蒙混过关。否则，你花高价买了一枚修补品还自以为是完美品呢，那岂不是被人骗了还蒙在鼓里?

总之，在钱币修补神操作大行其道的当下，泉友们还是小心谨慎为妙，免得贻笑大方。

二

半两，是我国古钱币中的重要品种，深受众多泉友的喜爱。它跨越战国、秦、汉几个不同历史时期，流通上百年之久，充盈着秦汉气韵，其钱文多变，品貌种类异常丰富，故有古钱币“戏精”之称。

一般来说，半两越大越重，其价值就越高。重量 10 克，是半两钱币价值高低的一个分水岭，低于此重量，很难有高价，达到或高于此重量，则容易卖出手。

于是乎，某些泉友开始了脑洞大开的“神操作”。

比如，某枚半两直径不小，但重量 9 克多，距离 10 克只差这么一点，为了凑足分量，他们便用抹上点泥巴，贴上些绿锈等伎俩来滥竽充数。买家一称，妥妥的 10 克以上，于是开心地买下，买卖双方“皆大欢喜”。

诚然，像这样“凑分量”的操作还有很多实例，半两钱币只是其中一个缩影而已。

三

除了重量外，钱币直径大小也同样重要。比如清代钱币，直径 27 毫米一直是一道门槛。如果达到 27 毫米，那就能妥妥地成为大样（图 3）；

反之，如果达不到，就难逃沦为普品之命运。

我曾目睹一位钱币发烧友每天把一枚直径 26 毫米左右的嘉庆通宝拿在手中，又是捏，又是撸，又是压，又是拉，最后竟然硬是把它变成了 27 毫米，实在“佩服”这位小哥持之以恒的“精神”啊。

然而像他这样，将钱币又压又挤直到达标为止的朋友，在钱币圈里不止一两个。如今，据说还诞生了某种可以正形钱币的仪器，无论我们是想要改变钱币的尺寸大小，还是想调整其平整度，都比以前方便多了。由此，一枚枚平整美观的大样钱币纷纷应运而生了，实在令人不可思议。很多人为了利益，可以不择手段，可以挖空心思想办法。这或许是他们的共识吧。

图 3 嘉庆通宝大样

除以上几类神操作外，还有“神”上色、“神”养护、“神”洗磨、“神”出价等玩钱币的“神操作”和“骚操作”，可谓层出不穷。而且不光是古钱，铜元、银元、纸币也普遍存在修补现象，特别是纸币的修复技术十分厉害，若非亲眼所见，你简直无法想象。诸如什么枣红一角、大黑拾等品种，很多是残破不堪的修复品，已有不少泉友花了冤枉钱。

这一切现象，让泉友们有些应接不暇，纷纷感叹钱币圈水太深、坑太多、局太险。然而这又能如何呢？人生有得必有失，有正能量也必有负能量。钱币圈也是如此，有积极影响也有负面效应，就看自己怎么把握了。

总之，在各种钱币“神操作”大行其道的当下，奉劝各位泉友还是小心谨慎、三思后行为好。

玩钱币：狂热中带着文雅

我们很多泉友，玩钱币是十分狂热的。每当逛摊淘宝、邂逅心仪品种时，脸上虽故作镇静，其实却心潮澎湃；每当把玩藏品时，表情虽波澜不惊，思绪却早已穿越千年，如痴如醉；每当交流心得时，虽说得云淡风轻，内心却千言万语、热血沸腾。

可见，在这种种狂热中，我们又自始至终带着一种宁静与文雅。这又是何故呢？

其一，古钱币是历史文化精华的传承与沉淀。我国铸造钱币至少有 3000 年的历史，博大精深、多姿多样、极具特色的历代钱币实物，是历朝历代政治、经济、文化、艺术、社会生活、铸造工艺等的体现，比如金代泰和重宝篆书折十（图 1），它们是祖国宝贵的、不可再生的物质文化遗产。因此，玩钱币就是玩文化，玩收藏就是玩文雅。我们玩着玩着，自然就文质彬彬了；赏着赏着，自然就宁静致远了；品着品着，自然就气质高雅了。

图 1 泰和重宝篆书折十

其二，玩钱币是一种陶冶情操的方式。某位名人说过：“在这个躁动的时代，能够躲进静谧的激情深处的人，确实是幸福的。”随着年龄增长，我越来越能够理解这句话的正确与深刻。

历代钱币之所以能如此打动我们，在于它们具有穿越历史时空的巨大魅力与精神内涵。比如，元朝末年的几支起义军，都铸有自己的钱币，如韩林儿铸造的龙凤通宝、徐寿辉铸造的天启通宝和天定通宝、陈友谅铸造的大义通宝、张士诚铸造的天佑通宝，以及朱元璋铸造的大中通宝等，它们是元末那段刀光剑影、风云变幻的历史时期的宝贵见证物（图2）。

图2 元末起义军钱币

当今世界如此之喧嚣、信息空前之快捷，使我们的视野无比开阔，越来越多的人迷恋网购、玩手游、看直播、刷抖音等娱乐新模式，他们的偶像是互联网世界风起云涌的惊世富豪们，每天做着一夜暴富的迷梦。然而，在获得肤浅快乐的同时，他们的青春与才情却在不知不觉中消耗殆尽。

喜爱玩钱币的我们则不同，将激情与才智凝聚于一片片方孔天地之间，追寻探索，坚持不懈，自得其乐。时常与历史为伴，与古泉为友，与藏友雅集，久而久之，我们的言谈举止，甚至心态和气场都会透露出一种与众不同的文雅。通过玩钱币，我们陶冶了情操，收获了宁静致远的心态和别样的幸福感，这或许是他人无法比拟的。同时，这也是一种相对可靠的投资，能让我们从中得到或多或少的收益。

其三，玩钱币主要依靠眼力与认知，是一种文雅的学习实践过程。

钱币属于文玩的一种，属于一种雅好，是昔日达官显贵、富商名流、文人墨客的爱好。对历代钱币艺术品的收藏与投资，实际上是一种文化修养的体现，是一种精神气质，是一种认知引领，是优质家庭文化熏陶的体现与传承。

因此，我们想要把钱币玩得溜，并非那么容易，必须要有相当的认知与眼力。经营钱币也一样，如果没有相匹配的水平与能力，恐怕很难赚到超出自己认知范围的钱。

为了把钱币收藏好、经营好，我们往往需要看很多书，学习很多知识，进行很多实践。比如说要懂历史、懂美学、懂工艺技术、懂高仿做旧、懂经营、懂江湖、懂察言观色、懂法律常识、懂某些边缘科学等，还要禁得住诱惑、熬得起时间、受得了打击、扛得住委屈、建得起人脉、玩得转网络。

正所谓“腹有诗书气自华”“读万卷书，行万里路”，通过日复一日、年复一年的学习交流、实践探索，不断耳濡目染、沉浸其中，我们逐渐变得更加勤奋、更加自律，也更加文雅。

如果你是一位钱币藏家，即使不能通今博古，那也是一位眼力过人、一眼千年的高手；如果你是一名泉商，虽说未能富甲一方，那也是一名文雅有才的儒商。

玩钱币，宁静中带着激情，狂热中带着文雅。对我们广大泉友而言，它是一种心灵的慰藉，是一种释放自我的雅好，是一条获取知识的途径，是一剂治愈灵魂的良药，是一段通往成功的阶梯，是一种收获幸福的方式！

假如有 100 万元，你会怎样玩钱币？

如果有 100 万元闲钱，你会怎样玩钱币？这个让人脑洞大开的问题，答案肯定是千奇百怪、各有不同的。

对于一些泉痴、发烧友来说，如果 100 万元到手，通常会疯狂买入或是短线进出，毕竟对于那些心仪的钱币，他们早已饥渴难耐，平时苦于囊中羞涩，如今有了巨款，必须要狠狠过把钱币瘾了！

而少数泉友在重金买入后，便一藏到底，秘不示人。不过，这样只进不出的另类，毕竟只是少数。

有了 100 万元，相信大多数泉友不可能只局限于买入钱币，而是会思考如何经营与打理这项资产，以藏养藏，以利盈利。毕竟玩钱币，除了自娱自乐外，把钱币玩转、玩活、玩出彩，名利双收，或许这才是大多数人的想法。

历朝历代钱币成千上万，品类何其之多，版别何其之丰，实在让人叹为观止。那么，在不久的将来，哪个钱币门类会引领新一波行情？哪一具体币种将迎来一轮暴涨呢？

决定这一切的，是少数泉商大咖，还是广大普通玩家？抑或冥冥中自有定数，这恐怕谁都说不清楚，那就让我们先看几个例子吧。

10 年前，一枚普品空首布的价格就要几千元；如今 10 年过去了，它的价仍停留在数千元（少数可能过万）。

然而，通货袁大头银币，10 年前数百元一枚，现在已涨到上千；北洋龙银币，10 年前 100 来元，现在涨至好几千。它们的价格都翻了数倍，增值似乎很快。

还有升值更快的钱币品种，比如康熙通宝罗汉钱，10 年前才几十元，几乎能随便挑选，而如今好品已轻松过千，势头很是强劲。

明朝天启通宝背十一两（图 1），10 年前通货价就几百元，好品也才过千，而现在却涨到数千元，好品者过万甚至更高，这已司空见惯。

再来看咸丰当百大钱，10 年前 1000 来元，如今好品轻松破万，精品则达数万元甚至更高，涨幅 10 倍以上，可谓十分惊人。

图 1 天启通宝背十一两

当然，也有某些钱币品种，如南北朝永光、景和铜钱，五代十国乾亨通宝，西夏光定、皇建元宝等，由于种种原因，它们不但没有升值，反而价值停滞不前甚至有些下降。此情况虽只占少数，但也不得不防。

由此可见，同样的时间，不同种类的钱币，其升值空间和价格起落状况是存在巨大差异的。那么，我们怎样才能用有限的资金，针对性地投资那些价值高、升值快、潜力大的钱币品种呢？

我认为，如果你只是依靠个人智慧来预测研判，往往是不够全面的。既然投资有风险，那就不妨先跟着一些行业领头人、钱币行家操作，他们买什么，你也买什么。不敢说这种方法百分百正确，但至少不会栽大跟头。

如果短线受益较小，那就玩玩长线，耐心等待，让时间给钱币赋能和增值。因为即使某些品种买贵了，也不碍事，藏着囤着，随着时光推移，它们的价自然会上去。请放心，一般来说总能跑赢通胀，比把钱存进银行要靠谱一些。

此外，努力提高自身的眼力与认知，拥有独到的见解和胆识，看准行情，买对品种，才能走得更远，回报也会更大。

有的泉友会嫌 100 万元太少了，然而据统计，放眼全国范围，如今能一下子拿出 100 万元现金的人简直是凤毛麟角。所以客观地说，100 万元起码也是“说多不多，说少不少”吧。

其实，我很乐意为大家量身定做一个合理的钱币艺术收藏品投资配比，但每个泉友的想法与实际情况都不一样，再好的方案也很难适合所有人，故只能在此给个简单建议了。

一般来说，100 万元资金中，40% 用于稳健钱币品种投资，30% 用于风险投资，剩余 30% 作为机动资金，用于购买自藏或伺机出手。这样稳投、风投、机动的“433”分配格局，或许会相对更理性一些、实际一些、可控一些、可操作一些。

诚然，仁者见仁，智者见智，除了我提出的“433”配比，泉友们可以根据自身情况制订出类似“442”“343”“532”“523”“541”“244”等诸多不同的配比方案，甚至是“154”“163”“172”之类的激进型方案。也有泉友提出，如果有了 100 万元，就不需要再玩钱币了，将这笔款存入银行，或用于理财，买股票、基金等，也会有不错的收益。毕竟 100 万元不是小数目，如果光是存银行，你也可能会拿到比普通储户更高的利率，虽然不一定能跑赢通胀，但也不啻为一种方法。而如果能通过多种渠道，将这笔 7 位数，像滚雪球一样变成 8 位数，甚至 9 位数，那还玩钱币干什么呢？

同样是用 100 万元玩钱币，善于经营者，能玩得风生水起，独领风骚；不善经营者，在一顿胡乱操作后，只会剩下一地鸡毛。此乃人和人之间的差别，你们觉得呢？

不过，如今钱币价值水涨船高，即使用 100 万元来买钱币，恐怕也是不够用的，只能买到一些精品和小珍品，而那些大珍品，仍然只有看看的份儿。想要真正地“染指”它们，至少得要数百万元甚至上千万元才行吧。

所以我们玩钱币，不光需要财力，还需要智慧、经验、胆识和运气。或许，只有天时、地利、人和都具备了，你才有可能赌赢这场游戏。

有位学者说过，正确的投资经营方向往往笼罩于迷雾之中，难以看清。但我相信，只要我们心中有爱，眼中有光，紧抓机遇，脚踏实地，就一定能找到成功的方向。

钱币收藏，是玩出来的

资深泉友余哥坚持不懈收藏钱币十几载，近年来，赶上钱币市场利好风口，通过妥善经营，他获得颇为可观的收益，如今日子过得很滋润、很轻松、很愉快。

许多泉友羡慕他，纷纷问道："老哥，你的钱币为什么收藏得这么好？赚这么多？到底有什么秘诀？"

对此，他总是付之一笑说："其实，根本没什么秘诀，就是玩出来的。说真的，一开始我根本没把它当成是赚钱的事儿，纯粹是种业余爱好而已，比如别人在喝酒撸串、唱歌打麻将等消遣娱乐的时候，我就喜欢埋头玩钱币。正所谓无心插柳柳成荫，结果呢，玩钱币带给我的，既有精神上的愉悦，又有经济上的收益，并成为我人生中最美妙的时光。"

正如余哥所说，会玩，其实是一种生产力。古往今来，推动人类文明进步的往往只有两种人，一种是天才，一种是会玩的人。因为会玩的人，他们拥有强大的好奇心，不在乎花费大量时间，去做看起来没有意义的事情。会玩者在玩的过程中，往往容易产生奇思妙想，并付诸行动，开启了新的发现与领域，从而引领时代潮流，让大家去追随。

鲁迅先生说过："世上本没有路，走的人多了，也便成了路。"许多时候，文化是玩出来的，古玩是玩出来的，钱币收藏作为古玩的一种，当然也是玩出来的（图 1）。

当你玩着玩着，逐渐玩透、玩精、玩出彩了，不但收藏了钱币，学习了历史，传播了文化，获得了快乐，甚至还感染了他人，分享了幸福与喜悦，那么此时你往往会被世俗所认同，被大众所拥护。

大家有没有发现，那些想玩、能玩、会玩的人通常都很有出息。而那些所谓的励志故事、心灵鸡汤、单一成功学等，往往只会感动一时，真正能掌握未来的是那些会玩的人。

图 1 古玩市场钱币地摊

当然，这里所指的玩，并不是吃喝嫖赌之类的玩，那样的玩是没有长进的，最终只会把自己玩穷、玩垮。此外，爱玩和会玩是两种概念，会玩的人，玩的都是认知与机遇，还有梦想与未来。他们拒绝舒适，屏蔽沉沦，不愿自我封闭，能用敏锐的感觉捕捉到充满前景的市场，他们玩的是爱好，玩的是事业，他们勇于承担诸多责任和义务，克服困难与挫折。

同时，会玩的人往往是主角，他们会将所有人吸引住。他们是游戏规则的制定者，是掌握全局的人，能轻松控制整个走向，成为瞩目的焦点。如今的钱币圈，评级公司与盒子币的兴起、短视频直播的火热等现象，可以说很大程度上都是会玩泉友们的杰作。

有位名人说过："或许我们每个人，只有在玩游戏的时候，才完全是人。"对于会玩的人来说，整个世界都是他的游乐场。收藏钱币也是如此，初学者不妨先玩点自己喜欢的普通品种，这其实大有裨益。别一开始就想着赚钱，想着暴利，想着捡大漏。多学多问，循序渐进，最后再考虑能不能靠它获益，以藏养藏，细水长流，这才是有格局、有情怀、有品位的收藏人生的开始。

收藏是一个修德、修身、修性的过程，藏品和财富都是一点点积累起来的，并不是一夜暴富的。收而藏之、把而玩之，在玩的过程中，你所积累的眼力、人脉、心态、学识、处世能力等，终将为你带来可观的财富。那么，钱币收藏，是玩出来的吗？是的，确实如此！

一名“95后”泉友的拼搏岁月

这次的主角是一名“95后”泉友，他平时认真刻苦，博学多才，勤奋自律，为人低调。不久前，他举办的“以泉会友”钱币文化分享体验会取得了斐然成效与一定影响力。

这次体验会可谓颇具特色。有的钱币是以实物展示的，有的钱币则是采用多维虚拟影像进行声光互动体验的。这是一种新模式，大家体验后，有身临其境、耳目一新的感觉。它秉承了“守正创新”的理念，既充分肯定了传统钱币文化，又在其基础上通过高科技手段进行大胆尝试，旨在让观众更好地感受与体验祖国钱币文化的博大精深。在此为这位泉友别出心裁的创意与用心良苦点赞，他在传承钱币文化上开拓出了一条自我创新之路。

会上，他侃侃而谈：“丰富多彩的古代钱币遗产，能带我们追溯到那些久远年代，去感受历史的厚重与文化的璀璨。同时，我们能感受到古人对生活的思索、对生命的叩问、对美的不懈追求。随着时光荏苒、时代进步，钱币文化的展示方式，从展览，到交流，再到体验，正在一步步走向多元化、多样化、时代化。”

他的字字珠玑、他的钱币学识、他的可观藏品、他的超前意识，让不少在场的老一辈藏家感到汗颜。如此格局、如此境界、如此德才兼备的一位年轻人，不禁让我们看到了未来泉坛的希望。

然而，又有多少人知道，在光鲜亮丽成果的背后，他付出了多少艰辛与刻苦呢？

我与这位泉友认识数年，又都是杭州本地人，见证了他的成长与拼搏，深知他的艰辛与不易。别人玩牌打麻将的时候，他在玩钱币、练眼力；别人逛街购物的时候，他在跑南闯北，撸币捡漏，练摊实战；别人花前月下的时候，他在专心看书，提升认知；别人聊天、刷抖音的时候，他在开发渠道、拓展人脉、筹划展会。日复一日，年复一年，他都能如此自律，如此拼命，能有不成功的道理吗？如果这样还不成功的话，估计老天都看不下去了。

诚然，如今泉坛像他这样努力的年轻人还有不少，当那些“50后”“60后”泉友还在买假吃药甚至充当国宝帮的时候，这些“95后”“00后”的年轻泉友已经办展开馆、著书立说了，真是后生可畏，实在值得称赞。

其实玩钱币，绝不是一朝一夕的成就，而是日积月累的结果，因为：

所有光芒，都需要岁月的沉淀；

所有逆袭，都是有备而来；

所有美好，都是努力埋下的伏笔；

所有幸运，都是不懈坚持的回报。

所以说，钱币玩得好，其实都是拼出来的。有一天当你成功了，回首自己的那些拼搏岁月，一定会感慨万千、无比欣慰。

十二生肖泉友玩钱众生相

十二生肖，又称“十二属相”，是指十二地支代表的12种动物，它们是我国古代传统文化的重要组成部分，历经千年，经久不衰。

12种不同属相的泉友，性格各异，玩起钱币来也是千姿百态，各有各的不同。现在，就让我们来一睹为快。

一、生肖鼠：机智敏捷

属鼠的人，最突出的特点就是反应快、思维敏捷。他们玩起钱币心思活络，鬼点子多，而且有条理、有计划、随机应变能力强，无论是收藏鉴赏还是经营买卖，都有自己一套，因此常得到泉友们的称赞。

不过有时候，或许是他们眼光不够长远吧，比如买进一批钱币，只要稍有涨价,就会急着卖掉,结果与赚大钱失之交臂。如果他们能更耐心、更大气些，加上勤奋努力，那就离成就一番大事业不远了。

二、生肖牛：百折不挠

属牛的人，最大的优点是勤奋刻苦，不用扬鞭自奋蹄，遇到困难有一股百折不挠的韧劲，始终奋斗不懈。他们这种性格在玩钱币中也得到充分体现。当今钱币圈的一些大人物，其中就有不少是属牛的，他们的学识品德牛、钱币藏品牛、经济实力牛，可谓是真正的“牛人”。

然而，属牛的泉友有时会比较固执，也会有一些所谓的“牛脾气”。如果他们能更谦和一些，多听他人的意见与建议，则会更加牛气冲天。

三、生肖虎：雄心壮志

属虎的人向来受人推崇，他们有一番做大事的雄心与魄力，也有伸张正义的心肠。

他们对钱币行情往往有独到的见解，投资方向更是把握得十分精准。这不，他们买进银元，银元涨了；买进隆庆，隆庆涨了；买进大观通宝（图1），大观通宝涨了；买进天启十一两，天启十一两涨了。简直是买什么钱币，就涨什么钱币，泉友们惊呼他们是投资高手、玩泉大咖。

图1 大观通宝

不过，属虎的人也有欠缺之处，比如在某些成绩面前，他们不免会有些骄傲，喜欢独断独行。如果能收敛一些、低调一点，相信能更有收获。

四、生肖兔：灵气十足

兔子是十二生肖里最有灵性的动物，属兔的泉友性格温柔、感情细腻、善解人意。他们玩钱币严谨求实、细致入微，比如对一枚枚钱币藏品，全都仔细研究，标注年代、品种、特征等，将它们分门别类，装订入册，或是评级入盒，十分有仪式感。

而他们卖钱币时，常常会拍照留念，并包装一番，那依依不舍的样子，就像自己女儿出嫁一般，不愧为最细腻、最有爱心的生肖之一。

然而属兔的人也有不足之处，他们往往喜欢专注于眼前的小事和细节，而忽略了大方向。

五、生肖龙：天生英才

属龙的泉友做事大气、勇往直前、智慧超人。他们往往自我意识很强，目标远大，有一种永远使不完的精力，可谓具有天生的领导素质。他们有的建起钱币博物馆，有的发表了自己著作，有的创办了专题刊物，有的创建了微信公众号，有的成为泉商大咖、直播大神，可谓颇有建树。

在成功面前，许多人难免会洋洋得意起来，我真心希望属龙的泉友能够保持谦虚平和心态，不要因为自恃天才而翘起“龙尾巴”。

六、生肖蛇：神秘优雅

属蛇的泉友，总给人一种浪漫又神秘的感觉，他们往往举止优雅、谈笑风生，做事得心应手。性格另类的他们，玩钱币也颇有灵感，喜欢不走寻常路，比如：别人玩热门明清币，他们偏偏玩冷门西夏钱（图2）；别人买猛涨的大咸丰（图3），他们偏偏买南宋纪年钱；别人玩中国古钱，他们偏偏玩日本（图4）、安南钱；别人喜欢盒子币，他们偏偏钟情裸币。但无论道路多么艰险、多么曲高和寡，他们凭着坚强意志和沉着冷静，最终获得了胜利。

然而，属蛇的人天生性格有些冷漠，这往往容易让人产生误解，因此要注意开阔心胸、热情待人，这样才能少走弯路，让泉途更加顺畅。

图2 乾祐宝钱（西夏文）

图3 咸丰重宝

图4 日本和同开尔

七、生肖马：勇往直前

属马的泉友拥有许多优点，他们待人热情大方、善解人意、做事主动、有进取心，他们的心态正面积极，接受新鲜事物的能力强，所以一般较讨人喜欢。

不过，他们玩钱币的成功率不是非常高。希望有朝一日，他们能找到慧眼识人的伯乐，成为钱币圈里真正的千里马。

八、生肖羊：细致温和

属羊的泉友性格温顺、待人细心、做事稳重，同时具有较强的开创能力和坚定毅力，给大家一种靠得住的感觉。

他们玩钱币总是善于捕捉每一个细节。在别人眼里，那些平淡无奇的钱币，他们也照样能玩得风生水起，比如五铢品种，开元通宝背星、月（图5），淳熙元宝顺点“熙”（图6），铜元小版，时常会有新发现，逐渐玩出了自己的一片小天地。

图5 开元通宝背星、月

图6 淳熙元宝顺点“熙”

但是，或许是性格关系，他们容易追随大流，难以彰显自己的特点和优势，有时缺乏决断力，从而形成“羊群效应”。希望他们能够更加果断一些，逐渐成为泉坛不可小觑的“领头羊”。

九、生肖猴：聪明伶俐

属猴的泉友聪明伶俐，有很强的学习能力和进取心，对新鲜事物很好奇，反应快，点子多。这些优点，在他们玩钱币的过程中都得到了较好体现。

但他们的恒心与毅力似乎还有所欠缺，相信经过高人提携和自己长久磨砺，就很有可能具备做老大的水平与实力。

十、生肖鸡：志气昂扬

属鸡的泉友，玩起钱币勤奋刻苦、坚持不懈，他们个性好强、好胜、爱面子，在人群中喜欢挺胸昂头，给人以胜利者的姿态，即使输了也不会言败。

他们玩钱币，往往有着宏大的目标，比如：3个月之内，集齐顺治一厘钱全套；半年之内，搞定得壹元宝、顺天元宝（图7）；1年之内，获得咸丰元宝当千；2年之内，攒全元末农民起义钱（图8）；3年内举办个人钱币展；5年内出书立说……可谓是蓝图宏伟、野心勃勃。

正所谓“一唱雄鸡天下白”，他们虽然愿意夸奖别人，但相对来说还是有些自我，如果能够严格律己，更加关心他人，将会有更大成就。

图7 顺天元宝

图8 元末起义军钱币

十一、生肖狗：忠诚勇敢

属狗的泉友口碑较好，他们忠诚勇敢、意志坚定，并富有正义感，玩起钱币行动敏捷、全力以赴，很少强调客观原因，也很少埋怨他人，因此很受大家尊敬。比如他们今天去二百大（图9），明天跑潘家园，今天赶交流会，明天逛早地摊，通常都是说走就走，毫不含糊。

但他们思考问题往往缺乏主见，盲目性强，有时甚至一根筋走到底。如果没有全面认真地进行学习，就容易犯错误，比如玩钱币会买贵吃药、蒙受损失等，希望他们能谨慎一点。

图 9 杭州二百大收藏品市场地摊

十二、生肖猪：纯真乐观

属猪的泉友总是乐观豁达、富有同情心、乐于助人，玩钱币也十分专注，颇有成绩。他们喜欢追求完美，比如：玩一枚船洋银元（图 10），既要字口好，又要色彩美；既要数量少，又要无瑕疵；还要价值不菲，评级分数高，不达到颜值天花板难以甘心。

但有时他们考虑问题较简单，容易冲动，难以识破别人的骗局与谎言，比如相信那些传得神乎其神的捡大漏神话，或是被那些眼花缭乱的精仿、高仿币蒙蔽双眼。所以还是小心为妙。

图 10 船洋银元

以上这些只是十二生肖泉友玩钱币的一个缩影而已，大家不必对号入座。相信在生活中，一定还会有更精彩的玩泉人物和收藏故事，不妨让我们一起去发掘和品味吧。

钱币“后收藏时代”，你准备好了吗？

每天，当我们沉醉于埋头玩钱、四处寻币时，钱币圈正在悄然发生着一系列变化。

一、交易日趋规范化

一天，我在闲鱼上出货，几枚咸丰元宝当百（图 1）发布没多久，就被买家盯上，对方还了个价，倒也能接受，后面却跟了一句“入个盒吧”。由此可见，新观念已被大多数人所接受。随着评级公司和各种相关技术手段的日臻完善，那些仿品、赝品、臆造品、残次品、修补品、加工品等，很难再像以前一样滥竽充数、蒙混过关了。这是钱币圈向良性化、秩序化、规范化发展的一种迹象。

图 1 咸丰元宝当百（背面）

二、经营方式的升级

以前的钱币交易，大多是面对面进行的，之后延伸到店铺销售。进入互联网时代，大家开始在线上交易，网拍、直播、短视频等逐渐成为主要方式和渠道，这是一个很大的转变。微消费时代的到来，一方面对实体店产生巨大冲击，另一方面又为玩钱币提供了新的交易手段和宣传模式。

诚然，互联网技术与经济的飞速发展，推动了交易方式的升级，相信未来还会有更新的方式冲击钱币市场。

三、技术手段的更新

虽然说，现在玩钱币有评级公司和各种相关技术的背书保证，但这是否就意味着可以高枕无忧了？

其实并非如此，“真假之争”一直是萦绕钱币圈的千年难题，有造假就有打假，有侦察就有反侦察，这可谓是一场无止境的博弈。

除了翻铸法、改刻法、拼接法、黏合法等传统作伪方法外，随着科技不断进步，今后各类高科技造假手段势必会层出不穷，打假防伪这条路仍然任重而道远。毕竟，评级公司里做鉴定钱币工作的也是人，而并非神，加之在经营管理上难免存在一些弊端与缺陷，所以无法做到万无一失，这也在情理之中。

不过我们相信，随着行业风气的转变、鉴定技术手段的日臻完善和泉友自身眼力水平的提升，玩钱币的风险会越来越低。

四、价格越来越透明

以前玩钱币，网络不发达，价格不透明，去村里铲地皮，卖家不懂行情，时常还能捡漏。而如今，除非你去原始森林，不然到随便哪个旮旯角落收货，他们都知道钱币价格，而且叫价都很高，生怕自己卖便宜了。

如此大环境下，捡漏已经难上加难，以前依靠不同地域之间的钱币信息差来盈利的方法，现在也几乎成为不可能，可见网络普及速度之快。

五、价值观念的改变

从传统的藏家市场到消费市场，钱币藏品的价值评判标准也逐渐改变。

以前，评定一枚钱币，其数量、版别是否稀少是最重要的，而现在，钱币是否“吸引眼球、有大众需求、有价值潜力”被放在了第一位。于是，一些昔日的名珍钱币，如乾亨通宝、永光、景和等品种，开始跌落神坛，而五帝钱、康熙罗汉、隆庆通宝、大观折十、大咸丰、天启十一两、袁大头、北洋、宣三银元等普品热门钱币，开始价格连连走高，大行其道。

而一些钱币“硬货”名誉品的价格更是飞升，大有直冲云霄之势，导致很多工薪阶层泉友无法承受，至于那些普通钱币品种，却成堆摆放也无人问津，其价格几年、十几年几乎不变，有的甚至贬值缩水，可见两极分化之程度已日益明显。

六、消费群体的变化

当下，钱币收藏的群体也在发生变化。以前，钱币收藏只是众多文玩收藏中一个比较冷僻的门类，是一个颇为神秘、小众的圈子。收藏钱币、交易钱币的大部分是工薪小玩家和业余收藏家，他们形成钱币收藏群体主流，但随着近几年钱币收藏与经营事业的迅猛发展，钱币逐渐出圈，许多行外资本也投入到钱币圈，同时不少企业家、金融家、知名人士等也在慢慢加入钱币圈，他们投入大量资金，想获得进一步的回报。

逐渐地，有些企业家、名人甚至成为钱币收藏行业的引导者，于是便推动了钱币收藏品价值的迅猛攀升，也导致一些小玩家玩不起钱币，陆续退出圈子，可谓喜忧参半。

以上种种迹象表明，钱币的“后收藏时代”很可能已经到来了。一方面，对钱币收藏品投资的需求不断增大，钱币出圈、升值势头强劲，对手中有货的泉友来说，这或许是个好时机；另一方面，小玩家日趋艰难，一些钱币藏品已然告别平民阶层，成为泉商大咖、明星的玩物。比如各类咸丰元宝当百、当五百、当千大钱（图 2），它们的行情炙手可热，价值节节攀升，大有如日中天之势。对此，许多泉友担心和焦虑：有朝一日，玩钱币会不会完全沦为有钱人的游戏？

“后收藏时代”这一概念并不是我首先提出的，随着钱币收藏与经营不断向着多元化、多样化、资本化、技术化、复杂化发展，在藏友圈中已逐渐形成此说法。

那么，在令人迷醉又浮躁不安的钱币“后收藏时代”，广大泉友准备好了吗？

我认为，在这样的时代，迷茫担忧在所难免，而我们的心态显得尤为重要。其实，藏品的多寡、高低、贵贱并不重要，最重要的是能够体会收藏者的精神世界。泉友们在努力提升自己眼力与各方面认知水平的同时，要注重将收藏钱币由外转化至内，由藏品转化为格局与境界，这样才能逐渐领悟泉德与泉学的真义，以不变应万变，成为最终赢家。

图 2 咸丰大钱

后记　一生做好一件事——玩钱币

前些天，我在某微信公众号上看到一些藏友称我为“上一代钱币收藏家”，当时感到很纳闷，心想：“我们这一代都还没好好开始呢，怎么就变成上一代了呢？”心中颇有些不服气。

不过后来细想，他们说得也对。如今钱币圈日新月异，收藏与经营理念不断变化，市场动态与行情风起云涌，“90后”“00后”新人辈出，作为“70后”一辈，恐怕真的已经孤陋寡闻、力不从心，沦为上一代“老人”了吧。

然而，新人也好，老人也罢，这一代也好，上一代也罢，无论时空如何变幻，岁月如何蹉跎，市场如何更迭，理念如何更新，我与大多数泉友一样，对古钱收藏的情怀不会变，对传承文化的执着不会变，对保护遗产的信念不会变。

放眼当下的钱币圈，资讯爆炸，藏品出圈，新人涌入，资本加持。新时代赋予了钱币收藏市场繁荣和交易方式更新的同时，又带来了前所未有的挑战。新旧观念的交织、网商实体的碰撞、评级公司与盒子币的兴起，在各种因素的催化下，钱币收藏和广大泉友的未来又将走向何方？这一直是我关心和担忧的问题。

纵然如此，许多泉友玩钱币，即使没有傲人的藏品、传世的著作、捡漏的愉悦、暴富的快感，也同样能收获快乐。因为这是心灵的体验、灵魂的慰藉，是一场别样的修行。通过玩钱币，我们活得虽平淡却深刻，虽普通却充实，此生也知足了。

都说人生苦短，须及时行乐。我浸润钱币圈数十载，如今仔细想来，人的一生虽说不漫长，但也绝非短暂。除却正常工作与家庭生活外，集中自己的时间与精力去努力做好一件事，这个目标还是可以实现的。比如玩钱币，只要我们怀着足够的热爱，避免不切实际的幻想，不好高骛远，下定决心，找对方向，勤奋认真、持之以恒地把这件事做好、做精、做完整，时间还是够用的。但如果目标分散、意志力欠佳，那么时间和精力就不足了。

或许，人生成功的标准只有一个，那就是：用自己喜爱的方式，去努力过完这一生。任光阴荏苒、岁月蹉跎，我们依旧能坚持下去，因为钱币，是我们一辈子的痴爱，用一生去做好一件事——玩钱币，足矣！

吴宗键

2023 年 6 月